www.ingramcontent.com/pod-product-compliance
Lightning Source LLC
Chambersburg PA
CBHW050732010526
44107CB00010B/824
9781957756325

بانگِ درا

علامہ محمد اقبال

https://www.ghazalsara.org

Baang e Dara - Premeium Edition
Author: .... Sir Allama Muhammad Iqbal
Genre: .... Poetry - Urdu
Published By: .... GhazalSara.Org (Yawar Maajed)
Publish Date: .... January 2024
Original Publish Date: 1924
ISBN: 978-1-957756-32-5

Printed and bound in The United States of America

بانگِ درا

مصنف...................................سر علامہ محمد اقبال

ناشر .... غزل سرا ڈاٹ آرگ (یاور ماجد)

موجودہ ایڈیشن................... جنوری 2024

پہلا ایڈیشن.......................... 1924

آئی ایس بی این................... 9781957756325

اس کتاب کی چھپائی ریاست ہائے متحدہ امریکہ میں ہوئی۔

اقبال

آیا ہمارے دیس میں اک خوش نوا فقیر
آیا اور اپنی دُھن میں غزل خواں گزر گیا
سنسان راہیں خلق سے آباد ہو گئیں
ویران مے کدوں کا نصیبہ سنور گیا
تھیں چند ہی نگاہیں جو اس تک پہنچ سکیں
پر اس کا گیت سب کے دلوں میں اتر گیا
اب دُور جا چکا ہے وہ شاہِ گدانما
اور پھر سے اپنے دیس کی راہیں اداس ہیں
چند اک کو یاد ہے کوئی اس کی ادائے خاص
دو اک نگاہیں چند عزیزوں کے پاس ہیں
پر اس کا گیت سب کے دلوں میں مقیم ہے
اور اس کی لَے سے سینکڑوں لذّت شناس ہیں

اس گیت کے تمام محَاسن ہیں لا زوال
اس کا وَفُور، اس کا خروش، اس کا سوز و ساز
یہ گیت مثلِ شعلۂ جوّالہ تند و تیز
اس کی لپک سے بادِ فنا کا جگر گداز
جیسے چراغ وحشتِ صرصر سے بے خطر
یا شمع بزمِ صبح کی آمد سے بے خبر

فیض احمد فیض

فہرست

حصہِ اوّل

ہمالہ	13
گلِ رنگیں	16
عہدِ طفلی	18
مرزا غالب	19
ابرِ کوہسار	21
ایک مکڑا اور مکھی	23
ایک پہاڑ اور گلہری	26
ایک گائے اور بکری	28
بچے کی دعا	31
ہمدردی	32
ماں کا خواب	33
پرندے کی فریاد	35
خفتگانِ خاک سے استفسار	36
شمع و پروانہ	39
عقل و دل	40
صدائے درد	42
آفتاب	43
شمع	44
ایک آرزو	47

49	آفتابِ صبح
51	دردِ عشق
53	گلِ پژمردہ
54	سیّد کی لوحِ تربت
56	ماہِ نو
57	انسان اور بزمِ قدرت
59	پیامِ صبح
60	عشق اور موت
62	زہد اور رندی
64	شاعر
65	دل
66	موجِ دریا
67	رخصت اے بزمِ جہاں
69	طفلِ شیرخوار
70	تصویرِ درد
76	نالۂ فراق
78	چاند
79	بلالؓ
81	سرگزشتِ آدم
83	ترانۂ ہندی
84	جگنو
86	صبح کا ستارہ
88	ہندوستانی بچوں کا قومی گیت
89	نیا شوالا
90	داغ
92	ابر
93	ایک پرندہ اور جگنو
94	بچہ اور شمع
96	کنارِ راوی
97	التجائے مسافر

غزلیات

ہے دیکھنے کی چیز اسے بار بار دیکھ 100
مگر وعدہ کرتے ہوئے عار کیا تھی 101
عداوت ہے اسے سارے جہاں سے 102
بجلیاں بے تاب ہوں جن کو جلانے کے لیے 103
اور اسیرِ حلقۂ دام ہوا کیونکر ہوا 104
یہ عاشق کون سی بستی کے یارب رہنے والے ہیں 106
ہو دیکھنا تو دیدۂ دل وا کرے کوئی 107
وہ نکلے میرے ظلمت خانۂ دل کے مکینوں میں 108
مری سادگی دیکھ، کیا چاہتا ہُوں 110
نیاز مند نہ کیوں عاجزی پہ ناز کرے 111
ہائے کیا اچھی کہی ظالم ہُوں مَیں، جاہل ہُوں مَیں 112
نظارے کی ہوس ہو تو لیلیٰ بھی چھوڑ دے 113

حصہ دوم

محبّت 116
حقیقتِ حسن 118
پیام 119
سوامی رام تیرتھ 120
طلبۂ علی گڑھ کالج کے نام 121
اخترِ صبح 122
حسن و عشق 123
۔۔کی گود میں بلی دیکھ کر 124
کلی 125
چاند اور تارے 126
وِصَال 127

سلیمیٰ 128
عاشقِ ہر جائی 129
کوششِ ناتمام 131
نوائے غم 132
عشرتِ امروز 133
انسان 134
جلوۂ حسن 135
ایک شام 136
تنہائی 137
پیامِ عشق 138
فراق 139
عبدالقادر کے نام 140
صقلیہ 141

غزلیات

دم ہَوا کی موج ہے، رم کے سوا کچھ بھی نہیں 144
اسے ہے سودائے بخیہ کاری، مجھے سرِ پیرہن نہیں ہے 145
مری خموشی نہیں ہے، گویا مزار ہے حرفِ آرزو کا 146
جھلک تیری ہویدا چاند میں، سورج میں، تارے میں 148
اک ذرا افسردگی تیرے تماشاؤں میں تھی 149
یہی نماز ادا صبح و شام کرتے ہیں 150
سکوت تھا پردہ دار جس کا، وہ راز اب آشکار ہو گا 152

حصہ سوم

بلادِ اسلامیہ 155
ستارہ 157
دو ستارے 158

159	گورستانِ شاہی
164	نمودِ صبح
165	تضمین بر شعرِ انیسی شاملو
166	فلسفۂ غم
169	پھول کا تحفہ عطا ہونے پر
170	ترانۂ ملی
171	وطنیت
173	قطعہ
173	کل ایک شوریدہ خواب گاہِ نبی پہ رو رو کے کہہ رہا تھا
174	ایک حاجی مدینے کے راستے میں
175	شکوہ
183	رات اور شاعر
185	بزمِ انجم
187	سیرِ فلک
189	نصیحت
190	رام
191	موٹر
192	خطاب بہ جوانانِ اسلام
193	غرۂ شوّال یا ہلالِ عید
195	شمع اور شاعر
203	مسلم
205	حضورِ رسالت مآبؐ میں
206	شفاخانۂ حجاز
207	جوابِ شکوہ
217	ساقی
218	تعلیم اور اس کے نتائج
219	قربِ سلطان
220	نویدِ صبح
221	دعا
222	عید پر شعر لکھنے کی فرمائش کے جواب میں

223	فاطمہ بنت عبداللہ
225	شبنم اور ستارے
227	محاصرۂ ادرنہ
228	غلام قادر رہیلہ
230	ایک مکالمہ
231	میں اور تُو
232	تضمین برشعرِ ابوطالب کلیم
233	شبلی و حالی
234	ارتقا
235	صدیقؓ
237	تہذیب حاضر
238	والدہ مرحومہ کی یاد میں
245	شعاعِ آفتاب
246	عرفی
247	ایک خط کے جواب میں
248	نانک
249	کفر و اسلام
250	بلالؓ
251	مسلمان اور تعلیم جدید
252	پھولوں کی شہزادی
253	تضمین برشعرِ صائب
254	فردوس میں ایک مکالمہ
256	مذہب
257	جنگِ یرموک کا ایک واقعہ
258	پیوستہ رہ شجر سے، امید بہار رکھ!
259	شبِ معراج
260	پھول
261	شیکسپیئر
262	اسیری
263	دریوزۂ خلافت

ہمایوں 264
خضرِ راہ 265
طلوعِ اسلام 272

غزلیات

قبضے سے اُمّت بیچاری کے دیں بھی گیا، دنیا بھی گئی 279
باطنِ ہنگامہ آبادِ چمن خاموش ہے 280
اپنے سینے میں اسے اور ذرا تھام ابھی 281
چشمِ مہر و مہ و انجم کو تماشائی کر 283
غنچہ ہے اگر گل ہو، گل ہے تو گلستاں ہو 284
کہ ہزاروں سجدے تڑپ رہے ہیں مری جبینِ نیاز میں 285
جو فغاں دلوں میں تڑپ رہی تھی، نوائے زیرِ لبی رہی 286

ظریفانہ

مشرق میں اصولِ دین بن جاتے ہیں 289
لڑکیاں پڑھ رہی ہیں انگریزی 289
شیخ صاحب بھی تو پردے کے کوئی حامی نہیں 289
یہ کوئی دن کی بات ہے اے مردِ ہوش مند ! 290
تعلیمِ مغربی ہے بہت جرأت آفریں 290
کچھ غم نہیں جو حضرتِ واعظ ہیں تنگ دست 290
تہذیب کے مریض کو گولی سے فائدہ ! 291
انتہا بھی اس کی ہے؟ آخر خریدیں کب تلک 291
ہم مشرق کے مسکینوں کا دل مغرب میں جا اٹکا ہے 291
ہاتھوں سے اپنے دامنِ دنیا نکل گیا 292
وہ مِس بولی ارادہ خودکشی کا جب کیا مَیں نے 292
ناداں تھے اس قدر کہ نہ جانی عرب کی قدر 293
ہندوستاں میں جزوِ حکومت ہیں کونسلیں 293
ممبری امپیریل کونسل کی کچھ مشکل نہیں 293
دلیلِ مہر و وفا اس سے بڑھ کے کیا ہوگی 294
فرما رہے تھے شیخ طریقِ عمل پہ وعظ 294

295	دیکھیے چلتی ہے مشرق کی تجارت کب تک
295	گائے اک روز ہوئی اونٹ سے یوں گرمِ سخن
296	رات مچھر نے کہہ دیا مجھ سے
297	یہ آیۂ نو جیل سے نازل ہوئی مجھ پر
297	جان جائے ہاتھ سے جائے نہ ست
297	محنت و سرمایہ دنیا میں صف آرا ہو گئے
298	شام کی سرحد سے رخصت ہے وہ رندِ لم یزل
298	تکرار تھی مزارع و مالک میں ایک روز
299	اٹھا کر پھینک دو باہر گلی میں
299	کارخانے کا ہے مالک مردِ کنا کردہ کار
299	سنا ہے میں نے، کل یہ گفتگو تھی کارخانے میں
300	مسجد تو بنا دی شب بھر میں ایمان کی حرارت والوں نے

حصہ اوّل

۱۹۰۵ تک

ہمالہ

اے ہمالہ! اے فصیلِ کشورِ ہندوستاں
چومتا ہے تیری پیشانی کو جھک کر آسماں
تجھ میں کچھ پیدا نہیں دیرینہ روزی کے نشاں
تُو جواں ہے گردشِ شام و سحر کے درمیاں
ایک جلوہ تھا کلیمِ طُورِ سینا کے لیے
تُو تجلّی ہے سراپا چشمِ بینا کے لیے

امتحانِ دیدۂ ظاہر میں کوہستاں ہے تُو
پاسباں اپنا ہے تُو، دیوارِ ہندُستاں ہے تُو
مطلعِ اوّل فلک جس کا ہو وہ دیواں ہے تُو
سوئے خلوت گاہِ دل دامن کشِ انساں ہے تُو
برف نے باندھی ہے دستارِ فضیلت تیرے سر

خندہ زن ہے جو کلاہِ مہرِ عالم تاب پر
تیری عمرِ رفتہ کی اک آن ہے عہدِ کہن
وادیوں میں ہیں تری کالی گھٹائیں خیمہ زن
چوٹیاں تیری ثریّا سے ہیں سرگرمِ سخن
تُو زمیں پر اور پہنائے فلک تیرا وطن
چشمۂ دامن ترا آئینۂ سیّال ہے
دامنِ موجِ ہوا جس کے لیے رومال ہے

اَبر کے ہاتھوں میں رہوارِ ہَوا کے واسطے
تازیانہ دے دیا برقِ سرِ کہسار نے
اے ہمالہ کوئی بازی گاہ ہے تُو بھی، جسے
دستِ قدرت نے بنایا ہے عناصر کے لیے
ہائے کیا فرطِ طرب میں جھومتا جاتا ہے اَبر
فیلِ بے زنجیر کی صورت اڑا جاتا ہے اَبر

جنبشِ موجِ نسیمِ صبح گہوارہ بنی
جھومتی ہے نشۂ ہستی میں ہر گل کی کلی
یوں زبانِ برگ سے گویا ہے اس کی خامشی
دستِ گل چیں کی جھٹک مَیں نے نہیں دیکھی کبھی
کہہ رہی ہے میری خاموشی ہی افسانہ مرا
کُنجِ خلوت خانۂ قدرت ہے کاشانہ مرا

آتی ہے ندی فرازِ کوہ سے گاتی ہوئی
کوثر و تسنیم کی موجوں کی شرماتی ہوئی
آئنہ سا شاہدِ قدرت کو دکھلاتی ہوئی
سنگِ رہ سے گاہ بچتی، گاہ ٹکراتی ہوئی
چھیڑتی جا اس عراقِ دل نشیں کے ساز کو
اے مسافر، دل سمجھتا ہے تری آواز کو

لیلیٰ شب کھولتی ہے آ کے جب زلفِ رسا
دامنِ دل کھینچتی ہے آبشاروں کی صدا
وہ خموشی شام کی جس پر تکلم ہو فدا
وہ درختوں پر تفکر کا سماں چھایا ہوا
کانپتا پھرتا ہے کیا رنگِ شفق کہسار پر
خوشنما لگتا ہے یہ غازہ ترے رخسار پر

اے ہمالہ! داستاں اس وقت کی کوئی سنا
مسکنِ آبائے انساں جب بنا دامن ترا
کچھ بتا اس سیدھی سادی زندگی کا ماجرا
داغ جس پر غازۂ رنگِ تکلف کا نہ تھا
ہاں دکھا دے اے تصوّر پھر وہ صبح و شام تُو
دوڑ پیچھے کی طرف اے گردشِ ایّام تُو

گلِ رنگیں

تُو شناسائے خراشِ عقدۂ مشکل نہیں
اے گلِ رنگیں ترے پہلو میں شاید دل نہیں
زیبِ محفل ہے، شریکِ شورشِ محفل نہیں
یہ فراغت بزمِ ہستی میں مجھے حاصل نہیں
اس چمن میں مَیں سراپا سوز و سازِ آرزو
اور تیری زندگانی بے گدازِ آرزو

توڑ لینا شاخ سے تجھ کو مرا آئیں نہیں
یہ نظر غیر از نگاہِ چشمِ صورت بیں نہیں
آہ! یہ دستِ جفا جو اے گلِ رنگیں نہیں
کس طرح تجھ کو یہ سمجھاؤں کہ مَیں گلچیں نہیں
کام مجھ کو دیدۂ حکمت کے اُلجھیڑوں سے کیا
دیدۂ بلبل سے مَیں کرتا ہُوں نظّارہ ترا

سو زبانوں پر بھی خاموشی تجھے منظور ہے
راز وہ کیا ہے ترے سینے میں جو مستور ہے
میری صورت تُو بھی اک برگِ ریاضِ طُور ہے
مَیں چمن سے دُور ہُوں تُو بھی چمن سے دُور ہے
مطمئن ہے تُو، پریشاں مثلِ بو رہتا ہُوں مَیں
زخمیِ شمشیرِ ذوقِ جستجو رہتا ہُوں مَیں

یہ پریشانی مری سامانِ جمعیّت نہ ہو
یہ جگر سوزی چراغِ خانۂ حکمت نہ ہو
ناتوانی ہی مری سرمایۂ قوت نہ ہو
رشکِ جامِ جم مرا آیئنۂ حیرت نہ ہو
یہ تلاشِ مُتّصل شمعِ جہاں افروز ہے
توسنِ ادراکِ انساں کو خرام آموز ہے

عہدِ طفلی

تھے دیارِ نو زمین و آسماں میرے لیے
وسعتِ آغوشِ مادر اک جہاں میرے لیے
تھی ہر اک جنبش نشانِ لطفِ جاں میرے لیے
حرفِ بے مطلب تھی خود میری زباں میرے لیے
دردِ طفلی میں اگر کوئی رلاتا تھا مجھے
شورشِ زنجیرِ دَر میں لطف آتا تھا مجھے

تکتے رہنا ہائے! وہ پہروں تلک سوئے قمر
وہ پھٹے بادل میں بے آوازِ پا اس کا سفر
پوچھنا رہ رہ کے اس کے کوہ و صحرا کی خبر
اور وہ حیرت دروغِ مصلحت آمیز پر
آنکھ وقفِ دید تھی، لب مائلِ گفتار تھا
دل نہ تھا میرا، سراپا ذوقِ استفسار تھا

مرزا غالب

فکرِ انساں پر تری ہستی سے یہ روشن ہوا
ہے پرِ مرغِ تخیّل کی رسائی تا کجا
تھا سراپا روح تُو، بزمِ سخن پیکر ترا
زیبِ محفل بھی رہا محفل سے پنہاں بھی رہا
دید تیری آنکھ کو اس حسن کی منظور ہے
بن کے سوزِ زندگی ہر شے میں جو مستور ہے

محفلِ ہستی تری بربط سے ہے سرمایہ دار
جس طرح ندی کے نغموں سے سکوتِ کوہسار
تیرے فردوسِ تخیّل سے ہے قدرت کی بہار
تیری کشتِ فکر سے اُگتے ہیں عالم سبزہ وار
زندگی مضمر ہے تیری شوخیِ تحریر میں
تابِ گویائی سے جنبش ہے لبِ تصویر میں

نطق کو سو ناز ہیں تیرے لبِ اعجاز پر
محوِ حیرت ہے ثریّا رفعتِ پرواز پر
شاہدِ مضموں تصدّق ہے ترے انداز پر
خندہ زن ہے غنچۂ دلّی گلِ شیراز پر
آہ! تُو اجڑی ہوئی دلّی میں آرامیدہ ہے
گلشنِ ویمر[1] میں تیرا ہم نوا خوابیدہ ہے

[1] جرمنی کے مشہور شاعر گوئٹے کا شہر، جہاں وہ مدفون ہے

لطفِ گویائی میں تیری ہمسری ممکن نہیں
ہو تخیّل کا نہ جب تک فکرِ کامل ہم نشیں
ہائے! اب کیا ہو گئی ہندوستاں کی سرزمیں
آہ! اے نظّارہ آموزِ نگاہِ نکتہ بیں
گیسوئے اردو ابھی منّت پذیرِ شانہ ہے
شمع یہ سودائیِ دل سوزیِ پروانہ ہے

اے جہان آباد، اے گہوارۂ عِلم و ہنر
ہیں سراپا نالۂ خاموش تیرے بام و در
ذرّے ذرّے میں ترے خوابیدہ ہیں شمس و قمر
یوں تو پوشیدہ ہیں تیری خاک میں لاکھوں گہر
دفن تجھ میں کوئی فخرِ روزگار ایسا بھی ہے؟
تجھ میں پنہاں کوئی موتی آبدار ایسا بھی ہے؟

ابرِ کوہسار

ہے بلندی سے فلک بوس نشیمن میرا
ابرِ کہسار ہُوں، گل پاش ہے دامن میرا
کبھی صحرا، کبھی گلزار ہے مسکن میرا
شہر و ویرانہ مرا، بحر مرا، بَن میرا
کسی وادی میں جو منظور ہو سونا مجھ کو
سبزۂ کوہ ہے مخمل کا بچھونا مجھ کو

مجھ کو قدرت نے سکھایا ہے دُر افشاں ہونا
ناقۂ شاہدِ رحمت کا حدیٰ خواں ہونا
غم زدائے دلِ افسردۂ دہقاں ہونا
رونقِ بزمِ جوانانِ گلستاں ہونا
بن کے گیسو رخِ ہستی پہ بکھر جاتا ہُوں
شانۂ موجۂ صرصر سے سنور جاتا ہُوں

دُور سے دیدۂ امیّد کو ترساتا ہُوں
کسی بستی سے جو خاموش گزر جاتا ہُوں
سَیر کرتا ہوا جس دم لبِ جُو آتا ہُوں
بالیاں نہر کو گرداب کی پہناتا ہُوں
سبزۂ مزرعِ نوخیز کی امیّد ہُوں مَیں
زادۂ بحر ہُوں پروردۂ خورشید ہُوں مَیں

چشمۂ کوہ کو دی شورشِ قلزم مَیں نے
اور پرندوں کو کیا محوِ ترنم مَیں نے
سر پہ سبزے کے کھڑے ہو کے کہا "قُم" مَیں نے
غنچۂ گل کو دیا ذوقِ تبسم مَیں نے
فیض سے میرے نمونے ہیں شبستانوں کے
جھونپڑے دامنِ کہسار میں دہقانوں کے

ایک مکڑا اور مکھی

(ماخوذ ۔ بچوں کے لیے)

اک دن کسی مکھی سے یہ کہنے لگا مکڑا
اس راہ سے ہوتا ہے گزر روز تمھارا
لیکن مری کٹیا کی نہ جاگی کبھی قسمت
بھولے سے کبھی تم نے یہاں پاؤں نہ رکھا
غیروں سے نہ ملیے تو کوئی بات نہیں ہے
اپنوں سے مگر چاہیے یوں کھنچ کے نہ رہنا
آؤ جو مرے گھر میں تو عزت ہے یہ میری
وہ سامنے سیڑھی ہے جو منظور ہو آنا

مکھی نے سنی بات جو مکڑے کی تو بولی
حضرت! کسی نادان کو دیجے گا یہ دھوکا
اس جال میں مکھی کبھی آنے کی نہیں ہے
جو آپ کی سیڑھی پہ چڑھا، پھر نہیں اترا

مکڑے نے کہا واہ! فریبی مجھے سمجھے
تم سا کوئی نادان زمانے میں نہ ہو گا
منظور تمھاری مجھے خاطر تھی وگرنہ
کچھ فائدہ اپنا تو مرا اس میں نہیں تھا
اڑتی ہوئی آئی ہو خدا جانے کہاں سے

ٹھہرو جو مرے گھر میں تو ہے اس میں برا کیا!
اس گھر میں کئی تم کو دکھانے کی ہیں چیزیں
باہر سے نظر آتا ہے چھوٹی سی یہ کٹیا
لٹکے ہوئے دروازوں پہ باریک ہیں پردے
دیواروں کو آئینوں سے ہے مَیں نے سجایا
مہمانوں کے آرام کو حاضر ہیں بچھونے
ہر شخص کو ساماں یہ میسر نہیں ہوتا

مکھی نے کہا خیر، یہ سب ٹھیک ہے لیکن
مَیں آپ کے گھر آؤں، یہ امیّد نہ رکھنا
ان نرم بچھونوں سے خدا مجھ کو بچائے
سو جائے کوئی ان پہ تو پھر اٹھ نہیں سکتا

مکڑے نے کہا دل میں سنی بات جو اس کی
پھانسوں اِسے کس طرح یہ کم بخت ہے دانا
سَو کام خوشامد سے نکلتے ہیں جہاں میں
دیکھو جسے دنیا میں خوشامد کا ہے بندا

یہ سوچ کے مکھی سے کہا اس نے بڑی بی!
اللہ نے بخشا ہے بڑا آپ کو رتبہ
ہوتی ہے اُسے آپ کی صورت سے محبّت
ہو جس نے کبھی ایک نظر آپ کو دیکھا
آنکھیں ہیں کہ ہیرے کی چمکتی ہوئی کنیاں
سر آپ کا اللہ نے کلغی سے سجایا
یہ حسن، یہ پوشاک، یہ خوبی، یہ صفائی
پھر اس پہ قیامت ہے یہ اڑتے ہوئے گانا

مکھی نے سنی جب یہ خوشامد تو پسیجی

بولی کہ نہیں آپ سے مجھ کو کوئی کھٹکا
انکار کی عادت کو سمجھتی ہُوں برا مَیں
سچ یہ ہے کہ دل توڑنا اچھا نہیں ہوتا
یہ بات کہی اور اُڑی اپنی جگہ سے
پاس آئی تو مکڑے نے اچھل کر اسے پکڑا
بھوکا تھا کئی روز سے اب ہاتھ جو آئی
آرام سے گھر بیٹھ کے مکھی کو اڑایا

ایک پہاڑ اور گلہری

(ماخوذ از ایمرسن - بچوں کے لیے)

کوئی پہاڑ یہ کہتا تھا اک گلہری سے
تجھے ہو شرم تو پانی میں جا کے ڈوب مرے
ذرا سی چیز ہے، اس پر غرور، کیا کہنا!
یہ عقل اور یہ سمجھ، یہ شعُور، کیا کہنا!
خدا کی شان ہے ناچیز، چیز بَن بیٹھیں
جو بے شعُور ہوں یوں، باتمیز بَن بیٹھیں
تری بساط ہے کیا میری شان کے آگے
زمیں ہے پست مری آن بان کے آگے
جو بات مجھ میں ہے، تجھ کو وہ ہے نصیب کہاں
بھلا پہاڑ کہاں، جانور غریب کہاں!

کہا یہ سن کے گلہری نے، منہ سنبھال ذرا
یہ کچّی باتیں ہیں دل سے انھیں نکال ذرا
جو مَیں بڑی نہیں تیری طرح تو کیا پروا
نہیں ہے تُو بھی تو آخر مری طرح چھوٹا
ہر ایک چیز سے پیدا خدا کی قدرت ہے
کوئی بڑا، کوئی چھوٹا، یہ اس کی حکمت ہے
بڑا جہان میں تجھ کو بنا دیا اس نے
مجھے درخت پہ چڑھنا سِکھا دیا اس نے

قدم اٹھانے کی طاقت نہیں ذرا تجھ میں
نری بڑائی ہے، خوبی ہے اور کیا تجھ میں
جو تُو بڑا ہے تو مجھ سا ہنر دکھا مجھ کو
یہ چھالیا ہی ذرا توڑ کر دکھا مجھ کو

نہیں ہے چیز نکمّی کوئی زمانے میں
کوئی برا نہیں قدرت کے کارخانے میں

ایک گائے اور بکری

(ماخوذ ۔ بچوں کے لیے)

اک چراگہ ہری بھری تھی کہیں
تھی سراپا بہار جس کی زمیں
کیا سماں اس بہار کا ہو بیاں
ہر طرف صاف ندّیاں تھیں رواں
تھے اناروں کے بے شمار درخت
اور پیپل کے سایہ دار درخت
ٹھنڈی ٹھنڈی ہوائیں آتی تھیں
طائروں کی صدائیں آتی تھیں

کسی ندی کے پاس اک بکری
چرتے چرتے کہیں سے آ نکلی
جب ٹھہر کر اِدھر اُدھر دیکھا
پاس اک گائے کو کھڑے پایا
پہلے جھک کر اسے سلام کیا
پھر سلیقے سے یوں کلام کیا

کیوں بڑی بی! مزاج کیسے ہیں
گائے بولی کہ خیر اچھے ہیں
کٹ رہی ہے بُری بھلی اپنی

ہے مصیبت میں زندگی اپنی
جان پر آ بنی ہے، کیا کہیے
اپنی قسمت بُری ہے، کیا کہیے
دیکھتی ہُوں خدا کی شان کو مَیں
رو رہی ہُوں بُروں کی جان کو مَیں
زور چلتا نہیں غریبوں کا
پیش آیا لکھا نصیبوں کا
آدمی سے کوئی بھلا نہ کرے
اس سے پالا پڑے، خدا نہ کرے
دودھ کم دوں تو بڑبڑاتا ہے
ہُوں جو دبلی تو بیچ کھاتا ہے
ہتھکنڈوں سے غلام کرتا ہے
کن فریبوں سے رام کرتا ہے
اس کے بچوں کو پالتی ہُوں مَیں
دودھ سے جان ڈالتی ہُوں مَیں
بدلے نیکی کے یہ برائی ہے
میرے اللہ! تری دہائی ہے!!

سن کے بکری یہ ماجرا سارا
بولی، ایسا گلہ نہیں اچھا
بات سچّی ہے بے مزا لگتی
مَیں کہوں گی مگر خدا لگتی
یہ چراگہ، یہ ٹھنڈی ٹھنڈی ہَوا
یہ ہری گھاس اور یہ سایا
ایسی خوشیاں ہمیں نصیب کہاں
یہ کہاں، بے زباں غریب کہاں!
یہ مزے آدمی کے دم سے ہیں
لطف سارے اسی کے دم سے ہیں

اس کے دم سے ہے اپنی آبادی
قید ہم کو بھلی، کہ آزادی؟
سو طرح کا بنوں میں ہے کھٹکا
واں کی گزران سے بچائے خدا
ہم پہ احسان ہے بڑا اس کا
ہم کو زیبا نہیں گلہ اس کا
قدر آرام کی اگر سمجھو
آدمی کا کبھی گلہ نہ کرو

گائے سن کر یہ بات شرمائی
آدمی کے گلے سے پچھتائی
دل میں پرکھا بھلا برا اُس نے
اور کچھ سوچ کر کہا اُس نے
یوں تو چھوٹی ہے ذات بکری کی
دل کو لگتی ہے بات بکری کی!

بچے کی دعا

(ماخوذ - بچوں کے لیے)

لب پہ آتی ہے دعا بن کے تمنّا میری
زندگی شمع کی صورت ہو خدایا میری
دُور دنیا کا مرے دم سے اندھیرا ہو جائے
ہر جگہ میرے چمکنے سے اُجالا ہو جائے
ہو مرے دم سے یونہی میرے وطن کی زینت
جس طرح پھول سے ہوتی ہے چمن کی زینت
زندگی ہو مری پروانے کی صورت یارب
عِلم کی شمع سے ہو مجھ کو محبّت یارب
ہو مرا کام غریبوں کی حمایت کرنا
درد مندوں سے ضعیفوں سے محبّت کرنا
مرے اللہ! برائی سے بچانا مجھ کو
نیک جو راہ ہو اس رہ پہ چلانا مجھ کو

ہمدردی

(ماخوذ از وِلیَم کُوپر - بچوں کے لیے)

ٹہنی پہ کسی شجر کی تنہا
بلبل تھا کوئی اداس بیٹھا
کہتا تھا کہ رات سر پہ آئی
اڑنے چگنے میں دن گزارا
پہنچوں کس طرح آشیاں تک
ہر چیز پہ چھا گیا اندھیرا

سن کر بلبل کی آہ و زاری
جگنو کوئی پاس ہی سے بولا
حاضر ہُوں مدد کو جان و دل سے
کیڑا ہُوں اگرچہ مَیں ذرا سا
کیا غم ہے جو رات ہے اندھیری
مَیں راہ میں روشنی کروں گا
اللہ نے دی ہے مجھ کو مشعل
چمکا کے مجھے دِیا بنایا

ہیں لوگ وہی جہاں میں اچھے
آتے ہیں جو کام دوسرں کے

ماں کا خواب

(ماخوذ - بچوں کے لیے)

مَیں سوئی جو اک شب تو دیکھا یہ خواب
بڑھا اور جس سے مرا اضطراب
یہ دیکھا کہ مَیں جا رہی ہُوں کہیں
اندھیرا ہے اور راہ ملتی نہیں
لرزتا تھا ڈر سے مرا بال بال
قدم کا تھا دہشت سے اٹھنا محال
جو کچھ حوصلہ پا کے آگے بڑھی
تو دیکھا قطار ایک لڑکوں کی تھی
زمرّد سی پوشاک پہنے ہوئے
دیے سب کے ہاتھوں میں جلتے ہوئے
وہ چپ چاپ تھے آگے پیچھے رواں
خدا جانے جانا تھا ان کو کہاں

اسی سوچ میں تھی کہ میرا پسر
مجھے اس جماعت میں آیا نظر
وہ پیچھے تھا اور تیز چلتا نہ تھا
دِیا اس کے ہاتھوں میں جلتا نہ تھا
کہا مَیں نے پہچان کر، میری جاں!
مجھے چھوڑ کر آ گئے تم کہاں!

جدائی میں رہتی ہُوں مَیں بے قرار
پروتی ہُوں ہر روز اشکوں کے ہار
نہ پروا ہماری ذرا تم نے کی
گئے چھوڑ، اچھی وفا تم نے کی

جو بچے نے دیکھا مرا پیچ و تاب
دیا اس نے منہ پھیر کر یوں جواب
رلاتی ہے تجھ کو جدائی مری
نہیں اس میں کچھ بھی بھلائی مری
یہ کہہ کر وہ کچھ دیر تک چپ رہا
دِیا پھر دکھا کر یہ کہنے لگا
سمجھتی ہے تُو ہو گیا کیا اسے؟
ترے آنسوؤں نے بجھایا اسے!

پرندے کی فریاد

(بچوں کے لیے)

آتا ہے یاد مجھ کو گزرا ہوا زمانا
وہ باغ کی بہاریں وہ سب کا چہچہانا
آزادیاں کہاں وہ اب اپنے گھونسلے کی
اپنی خوشی سے آنا، اپنی خوشی سے جانا
لگتی ہے چوٹ دل پر، آتا ہے یاد جس دم
شبنم کے آنسوؤں پر کلیوں کا مسکرانا
وہ پیاری پیاری صورت، وہ کامنی سی مورت
آباد جس کے دم سے تھا میرا آشیانا
آتی نہیں صدائیں اس کی مرے قفس میں
ہوتی مری رہائی اے کاش میرے بس میں!

کیا بد نصیب ہُوں مَیں گھر کو ترس رہا ہُوں
ساتھی تو ہیں وطن میں، مَیں قید میں پڑا ہُوں
آئی بہار کلیاں پھولوں کی ہنس رہی ہیں
مَیں اس اندھیرے گھر میں قسمت کو رو رہا ہُوں
اس قید کا الٰہی! دکھڑا کسے سناؤں
ڈر ہے یہیں قفس میں، مَیں غم سے مر نہ جاؤں
جب سے چمن چھٹا ہے، یہ حال ہو گیا ہے
دل غم کو کھا رہا ہے، غم دل کو کھا رہا ہے
گانا اسے سمجھ کر خوش ہوں نہ سننے والے
دُکھتے ہوئے دلوں کی فریاد یہ صدا ہے
آزاد مجھ کو کر دے، او قید کرنے والے!
مَیں بے زباں ہُوں قیدی، تُو چھوڑ کر دعا لے

خفتگانِ خاک سے استفسار

مہرِ روشن چھپ گیا، اُٹھی نقابِ روئے شام
شانۂ ہستی پہ ہے بکھرا ہوا گیسوئے شام
یہ سیہ پوشی کی تیاری کسی کے غم میں ہے
محفلِ قدرت مگر خورشید کے ماتم میں ہے
کر رہا ہے آسماں جادو لبِ گفتار پر
ساحرِ شب کی نظر ہے دیدۂ بیدار پر
غوطہ زن دریائے خاموشی میں ہے موجِ ہَوا
ہاں، مگر اک دُور سے آتی ہے آوازِ درا
دل کہ ہے بے تابیِ الفت میں دنیا سے نفور
کھنچ لایا ہے مجھے ہنگامۂ عالم سے دُور
منظرِ حرماں نصیبی کا تماشائی ہُوں میں
ہم نشینِ خفتگانِ کُنجِ تنہائی ہُوں میں

تھم ذرا بے تابیِ دل! بیٹھ جانے دے مجھے
اور اس بستی پہ چار آنسو گرانے دے مجھے
اے مئے غفلت کے سرمستو، کہاں رہتے ہو تم
کچھ کہو اس دیس کی آخر، جہاں رہتے ہو تم
وہ بھی حیرت خانۂ امروز و فردا ہے کوئی؟
اور پیکارِ عناصر کا تماشا ہے کوئی؟
آدمی واں بھی حصارِ غم میں ہے محصور کیا؟
اس ولایت میں بھی ہے انساں کا دل مجبور کیا؟

واں بھی جل مرتا ہے سوزِ شمع پر پروانہ کیا؟
اس چمن میں بھی گل و بلبل کا ہے افسانہ کیا؟
یاں تو اک مصرع میں پہلو سے نکل جاتا ہے دل
شعر کی گرمی سے کیا واں بھی پگھل جاتا ہے دل؟

رشتہ و پیوند یاں کے جان کا آزار ہیں
اس گلستاں میں بھی کیا ایسے نکیلے خار ہیں؟
اس جہاں میں اک معیشت اور سو افتاد ہے
روح کیا اس دیس میں اس فکر سے آزاد ہے؟
کیا وہاں بجلی بھی ہے، دہقاں بھی ہے، خرمن بھی ہے؟
قافلے والے بھی ہیں، اندیشۂ رہزن بھی ہے؟
تنکے چنتے ہیں وہاں بھی آشیاں کے واسطے؟
خشت و گل کی فکر ہوتی ہے مکاں کے واسطے؟
واں بھی انساں اپنی اصلیت سے بیگانے ہیں کیا؟
امتیازِ ملّت و آئیں کے دیوانے ہیں کیا؟
واں بھی کیا فریادِ بلبل پر چمن روتا نہیں؟
اس جہاں کی طرح واں بھی دردِ دل ہوتا نہیں؟

باغ ہے فردوس یا اک منزلِ آرام ہے؟
یا رخِ بے پردۂ حسنِ ازل کا نام ہے؟
کیا جہنم معصیت سوزی کی اک ترکیب ہے؟
آگ کے شعلوں میں پنہاں مقصدِ تادیب ہے؟
کیا عوض رفتار کے اس دیس میں پرواز ہے؟
موت کہتے ہیں جسے اہلِ زمیں، کیا راز ہے؟
اضطرابِ دل کا ساماں یاں کی ہست و بُود ہے
عِلمِ انساں اس ولایت میں بھی کیا محدود ہے؟
دید سے تسکین پاتا ہے دلِ مہجور بھی؟
"لن ترانی" کہہ رہے ہیں یا وہاں کے طُور بھی؟

جستجو میں ہے وہاں بھی روح کو آرام کیا؟
واں بھی انساں ہے قتیلِ ذوقِ استفہام کیا؟
آہ! وہ کشور بھی تاریکی سے کیا معمور ہے؟
یا محبّت کی تجلّی سے سراپا نور ہے؟
تم بتا دو راز جو اس گنبدِ گرداں میں ہے
موت اک چبھتا ہوا کانٹا دلِ انساں میں ہے

شمع و پروانہ

پروانہ تجھ سے کرتا ہے اے شمع پیار کیوں
یہ جانِ بے قرار ہے تجھ پر نثار کیوں
سیماب وار رکھتی ہے تیری ادا اسے
آدابِ عشق تُو نے سکھائے ہیں کیا اسے؟
کرتا ہے یہ طواف تری جلوہ گاہ کا
پھونکا ہوا ہے کیا تری برقِ نگاہ کا؟
آزارِ موت میں اسے آرامِ جاں ہے کیا؟
شعلے میں تیرے زندگیِ جاوداں ہے کیا؟
غم خانۂ جہاں میں جو تیری ضیا نہ ہو
اس تفتہ دل کا نخلِ تمنّا ہرا نہ ہو
گرنا ترے حضور میں اس کی نماز ہے
ننھے سے دل میں لذّتِ سوز و گداز ہے
کچھ اس میں جوشِ عاشقِ حسنِ قدیم ہے
چھوٹا سا طُور تُو، یہ ذرا سا کلیم ہے

پروانہ، اور ذوقِ تماشائے روشنی
کیڑا ذرا سا، اور تمنائے روشنی!

عقل و دل

عقل نے ایک دن یہ دل سے کہا
بھولے بھٹکے کی رہنما ہُوں مَیں
ہُوں زمیں پر، گزر فلک پہ مرا
دیکھ تو کس قدر رسا ہُوں مَیں
کام دنیا میں رہبری ہے مرا
مثلِ خضرِ خجستہ پا ہُوں مَیں
ہُوں مُفسِّر کتابِ ہستی کی
مظہرِ شانِ کبریا ہُوں مَیں
بوند اک خون کی ہے تُو لیکن
غیرتِ لعلِ بے بہا ہُوں مَیں

دل نے سن کر کہا یہ سب سچ ہے
پر مجھے بھی تو دیکھ، کیا ہُوں مَیں
رازِ ہستی کو تُو سمجھتی ہے
اور آنکھوں سے دیکھتا ہُوں مَیں
ہے تجھے واسطہ مظاہر سے
اور باطن سے آشنا ہُوں مَیں
علم تجھ سے تو معرفت مجھ سے
تُو خدا جُو، خدا نما ہُوں مَیں
علم کی انتہا ہے بے تابی
اس مرض کی مگر دوا ہُوں مَیں

شمع تُو محفلِ صداقت کی
حسن کی بزم کا دِیا ہُوں مَیں
تُو زمان و مکاں سے رشتہ بپا
طائرِ سدرہ آشنا ہُوں مَیں
کس بلندی پہ ہے مقام مرا
عرش ربِّ جلیل کا ہُوں مَیں!

صدائے درد

جل رہا ہُوں کل نہیں پڑتی کسی پہلو مجھے
ہاں ڈبو دے اے محیطِ آبِ گنگا تُو مجھے
سرزمیں اپنی قیامت کی نفاق انگیز ہے
وصل کیسا، یاں تو اک قربِ فراق انگیز ہے
بدلے یک رنگی کے یہ ناآشنائی ہے غضب
ایک ہی خرمن کے دانوں میں جدائی ہے غضب
جس کے پھولوں میں اخوّت کی ہَوا آئی نہیں
اس چمن میں کوئی لطفِ نغمہ پیرائی نہیں
لذّتِ قربِ حقیقی پر مٹا جاتا ہُوں مَیں
اختلاطِ موجہ و ساحل سے گھبراتا ہُوں مَیں
دانۂ خرمن نما ہے شاعرِ معجز بیاں
ہو نہ خرمن ہی تو اس دانے کی ہستی پھر کہاں
حسن ہو کیا خود نما جب کوئی مائل ہی نہ ہو
شمع کو جلنے سے کیا مطلب جو محفل ہی نہ ہو
ذوقِ گویائی خموشی سے بدلتا کیوں نہیں
میرے آئینے سے یہ جوہر نکلتا کیوں نہیں
کب زباں کھولی ہماری لذّتِ گفتار نے!
پھونک ڈالا جب چمن کو آتشِ پیکار نے

آفتاب

(ترجمہ گایتری)

اے آفتاب! روح و روانِ جہاں ہے تُو
شیرازہ بند دفترِ کون و مکاں ہے تُو
باعث ہے تُو وجود و عدم کی نمود کا
ہے سبز تیرے دم سے چمن ہست و بُود کا
قائم یہ عنصروں کا تماشا تجھی سے ہے
ہر شے میں زندگی کا تقاضا تجھی سے ہے
ہر شے کو تیری جلوہ گری سے ثبات ہے
تیرا یہ سوز و ساز سراپا حیات ہے
وہ آفتاب جس سے زمانے میں نور ہے
دل ہے، خرد ہے، روحِ رَواں ہے، شعُور ہے
اے آفتاب، ہم کو ضیائے شعُور دے
چشمِ خرد کو اپنی تجلّی سے نور دے
ہے محفلِ وجود کا ساماں طراز تُو
یزدانِ ساکنانِ نشیب و فراز تُو
تیرا کمال ہستیِ ہر جان دار میں
تیری نمود سلسلۂ کوہسار میں
ہر چیز کی حیات کا پروردگار تُو
زائیدگانِ نور کا ہے تاجدار تُو
نَے ابتدا کوئی نہ کوئی انتہا تری
آزادِ قید، اوّل و آخر ضیا تری

شمع

بزمِ جہاں میں مَیں بھی ہُوں اے شمعِ درد مند
فریادِ درگرہ صفتِ دانۂ سپند
دی عشق نے حرارتِ سوزِ دروں تجھے
اور گل فروشِ اشکِ شفق گوں کیا مجھے
ہو شمعِ بزمِ عیش کہ شمعِ مزار تُو
ہر حال اشکِ غم سے رہی ہمکنار تُو

یک بیں تری نظر صفتِ عاشقانِ راز
میری نگاہ مایۂ آشوبِ امتیاز
کعبے میں، بت کدے میں ہے یکساں تری ضیا
مَیں امتیازِ دَیر و حرم میں پھنسا ہوا
ہے شان آہ کی ترے دُودِ سیاہ میں
پوشیدہ کوئی دل ہے تری جلوہ گاہ میں؟

جلتی ہے تُو کہ برقِ تجلّی سے دُور ہے
بے درد تیرے سوز کو سمجھے کہ نور ہے
تُو جل رہی ہے اور تجھے کچھ خبر نہیں
بینا ہے اور سوزِ دروں پر نظر نہیں
مَیں جوشِ اضطراب سے سیماب وار بھی
آگاہِ اضطرابِ دلِ بے قرار بھی

تھا یہ بھی کوئی ناز کسی بے نیاز کا
احساس دے دیا مجھے اپنے گداز کا
یہ آگہی مری مجھے رکھتی ہے بے قرار
خوابیدہ اس شرر میں ہیں آتش کدے ہزار
یہ امتیازِ رفعت و پستی اسی سے ہے
گُل میں مہک، شراب میں مستی اسی سے ہے

بستان و بلبل و گل و بو ہے یہ آگہی
اصلِ کشاکشِ من و تُو ہے یہ آگہی
صبحِ ازل جو حسن ہوا دلستانِ عشق
آوازِ ''کُن'' ہوئی تپش آموزِ جانِ عشق
یہ حکم تھا کہ گلشنِ ''کُن'' کی بہار دیکھ
ایک آنکھ لے کے خوابِ پریشاں ہزار دیکھ

مجھ سے خبر نہ پوچھ حجابِ وجود کی
شامِ فراق، صبح تھی میری نمود کی
وہ دن گئے کہ قید سے مَیں آشنا نہ تھا
زیبِ درختِ طُور مرا آشیانہ تھا
قیدی ہُوں اور قفس کو چمن جانتا ہُوں مَیں
غربت کے غم کدے کو وطن جانتا ہُوں مَیں

یادِ وطن فسردگیِ بے سبب بنی
شوقِ نظر کبھی، کبھی ذوقِ طلب بنی
اے شمع! انتہائے فریبِ خیال دیکھ
مسجودِ ساکنانِ فلک کا مآل دیکھ
مضموں فراق کا ہُوں، ثریّا نشاں ہُوں مَیں
آہنگِ طبعِ ناظمِ کون و مکاں ہُوں مَیں

باندھا مجھے جو اس نے تو چاہی مری نمود
تحریر کر دیا سرِ دیوانِ ہست و بُود
گوہر کو مُشتِ خاک میں رہنا پسند ہے
بندش اگرچہ سست ہے، مضموں بلند ہے
چشمِ غلط نگر کا یہ سارا قصور ہے
عالم ظہورِ جلوۂ ذوقِ شعُور ہے

یہ سلسلہ زمان و مکاں کا، کمند ہے
طوقِ گلوئے حسنِ تماشا پسند ہے
منزل کا اشتیاق ہے، گم کردہ راہ ہُوں
اے شمع! مَیں اسیرِ فریبِ نگاہ ہُوں
صیّاد آپ، حلقۂ دامِ ستم بھی آپ
بامِ حرم بھی، طائرِ بامِ حرم بھی آپ!

مَیں حسن ہُوں کہ عِشقِ سراپا گداز ہُوں
کھُلتا نہیں کہ ناز ہُوں مَیں یا نیاز ہُوں
ہاں، آشنائے لب ہو نہ رازِ کہن کہیں
پھر چھِڑ نہ جائے قصۂ دار و رسن کہیں

ایک آرزو

دنیا کی محفلوں سے اکتا گیا ہُوں یارب
کیا لطف انجمن کا جب دل ہی بجھ گیا ہو
شورش سے بھاگتا ہُوں، دل ڈھونڈتا ہے میرا
ایسا سکوت جس پر تقریر بھی فدا ہو
مرتا ہُوں خامشی پر، یہ آرزو ہے میری
دامن میں کوہ کے اک چھوٹا سا جھونپڑا ہو
آزاد فکر سے ہُوں، عزلت میں دن گزاروں
دنیا کے غم کا دل سے کانٹا نکل گیا ہو
لذّت سرود کی ہو چڑیوں کے چہچہوں میں
چشمے کی شورشوں میں باجا سا بج رہا ہو
گل کی کلی چٹک کر پیغام دے کسی کا
ساغر ذرا سا گویا مجھ کو جہاں نما ہو
ہو ہاتھ کا سرہانا سبزے کا ہو بچھونا
شرمائے جس سے جلوت، خلوت میں وہ ادا ہو
مانوس اس قدر ہو صورت سے میری بلبل
ننھے سے دل میں اس کے کھٹکا نہ کچھ مرا ہو
صف باندھے دونوں جانب بوٹے ہرے ہرے ہوں
ندّی کا صاف پانی تصویر لے رہا ہو
ہو دل فریب ایسا کہسار کا نظارہ
پانی بھی موج بن کر اٹھ اٹھ کے دیکھتا ہو
آغوش میں زمیں کی سویا ہوا ہو سبزہ

پھر پھر کے جھاڑیوں میں پانی چمک رہا ہو
پانی کو چھو رہی ہو جھک جھک کے گل کی ٹہنی
جیسے حسین کوئی آئینہ دیکھتا ہو
مہندی لگائے سورج جب شام کی دلھن کو
سرخی لیے سنہری ہر پھول کی قبا ہو
راتوں کو چلنے والے رہ جائیں تھک کے جس دم
امیّد ان کی میرا ٹوٹا ہوا دِیا ہو
بجلی چمک کے ان کو کٹیا مری دکھا دے
جب آسماں پہ ہر سو بادل گھرا ہوا ہو
پچھلے پہر کی کوئل، وہ صبح کی مؤذن
مَیں اس کا ہم نوا ہُوں، وہ میری ہم نوا ہو
کانوں پہ ہو نہ میرے دَیر و حرم کا احساں
روزن ہی جھونپڑی کا مجھ کو سحر نما ہو
پھولوں کو آئے جس دم شبنم وضو کرانے
رونا مرا وضو ہو، نالہ مری دعا ہو
اس خامشی میں جائیں اتنے بلند نالے
تاروں کے قافلے کو میری صدا درا ہو

ہر دردمند دل کو رونا مرا رلا دے
بے ہوش جو پڑے ہیں، شاید انھیں جگا دے

آفتابِ صبح

شورشِ میخانۂ انساں سے بالاتر ہے تُو
زینتِ بزمِ فلک ہو جس سے وہ ساغر ہے تُو
ہو دُرِ گوشِ عروسِ صبح وہ گوہر ہے تُو
جس پہ سیمائے افق نازاں ہو وہ زیور ہے تُو
صفحۂ ایّام سے داغِ مدادِ شب مٹا
آسماں سے نقشِ باطل کی طرح کوکب مٹا

حسن تیرا جب ہوا بامِ فلک سے جلوہ گر
آنکھ سے اڑتا ہے یک دم خواب کی مے کا اثر
نور سے معمور ہو جاتا ہے دامانِ نظر
کھولتی ہے چشمِ ظاہر کو ضیا تیری مگر
ڈھونڈتی ہیں جس کو آنکھیں وہ تماشا چاہیے
چشمِ باطن جس سے کھل جائے وہ جلوا چاہیے

شوقِ آزادی کے دنیا میں نہ نکلے حوصلے
زندگی بھر قیدِ زنجیرِ تعلق میں رہے
زیر و بالا ایک ہیں تیری نگاہوں کے لیے
آرزو ہے کچھ اسی چشمِ تماشا کی مجھے
آنکھ میری اور کے غم میں سرشک آباد ہو
امتیازِ ملّت و آئیں سے دل آزاد ہو!

بستۂ رنگِ خصوصیّت نہ ہو میری زباں
نوعِ انساں قوم ہو میری، وطن میرا جہاں
دیدۂ باطن پہ رازِ نظمِ قدرت ہو عیاں
ہو شناسائے فلک شمعِ تخیل کا دھواں
عقدۂ اضداد کی کاوش نہ تڑپائے مجھے
حسنِ عشق انگیز ہر شے میں نظر آئے مجھے!

صدمہ آ جائے ہَوا سے گل کی پتّی کو اگر
اشک بن کر میری آنکھوں سے ٹپک جائے اثر
دل میں ہو سوزِ محبّت کا وہ چھوٹا سا شرر
نور سے جس کے ملے رازِ حقیقت کی خبر
شاہدِ قدرت کا آئینہ ہو، دل میرا نہ ہو
سر میں جز ہمدردیِ انساں کوئی سودا نہ ہو

تُو اگر زحمت کشِ ہنگامۂ عالم نہیں
یہ فضیلت کا نشاں اے نیّرِ اعظم نہیں
اپنے حسنِ عالم آرا سے جو تُو محرم نہیں
ہمسرِ یک ذرّۂ خاکِ درِ آدم نہیں
نورِ مسجودِ مَلَک، گرمِ تماشا ہی رہا
اور تُو منّت پذیرِ صبحِ فردا ہی رہا

آرزو نورِ حقیقت کی ہمارے دل میں ہے
لیلیٰ ذوقِ طلب کا گھر اسی محمل میں ہے
کس قدر لذّت کشودِ عقدۂ مشکل میں ہے
لطفِ صد حاصل ہماری سعیِ بے حاصل میں ہے
دردِ استفہام سے واقف ترا پہلو نہیں
جستجوئے رازِ قدرت کا شناسا تُو نہیں

دردِ عشق

اے دردِ عشق! ہے گہرِ آب دار تُو
نامحرموں میں دیکھ نہ ہو آشکار تُو
پنہاں تہِ نقاب تری جلوہ گاہ ہے
ظاہر پرست محفلِ نو کی نگاہ ہے
آئی نئی ہَوا چمنِ ہست و بُود میں
اے دردِ عشق! اب نہیں لذّت نمود میں
ہاں خود نمائیوں کی تجھے جستجو نہ ہو
منّت پذیر نالۂ بلبل کا تُو نہ ہو!
خالی شرابِ عشق سے لالے کا جام ہو
پانی کی بوند گِریۂ شبنم کا نام ہو
پنہاں درونِ سینہ کہیں راز ہو ترا
اشکِ جگر گداز نہ غمّاز ہو ترا
گویا زبانِ شاعرِ رنگیں بیاں نہ ہو
آوازِ نَے میں شکوۂ فرقت نہاں نہ ہو

یہ دورِ نکتہ چیں ہے، کہیں چھپ کے بیٹھ رہ
جس دل میں تُو مکیں ہے، وہیں چھپ کے بیٹھ رہ

غافل ہے تجھ سے حیرتِ علم آفریدہ دیکھ!
جویا نہیں تری نگہِ نارسیدہ دیکھ
رہنے دے جستجو میں خیالِ بلند کو

حیرت میں چھوڑ دیدۂ حکمت پسند کو
جس کی بہار تُو ہو یہ ایسا چمن نہیں
قابل تری نمود کے یہ انجمن نہیں
یہ انجمن ہے کشتۂ نظّارۂ مجاز
مقصد تری نگاہ کا خلوت سرائے راز

ہر دل مئے خیال کی مستی سے چُور ہے
کچھ اور آج کل کے کلیموں کا طُور ہے

گلِ پژمردہ

کس زباں سے اے گلِ پژمردہ تجھ کو گل کہوں
کس طرح تجھ کو تمنائے دلِ بلبل کہوں
تھی کبھی موجِ صبا گہوارۂ جنباں ترا
نام تھا صحنِ گلستاں میں گلِ خنداں ترا

تیرے احساں کا نسیمِ صبح کو اقرار تھا
باغ تیرے دم سے گویا طبلۂ عطّار تھا

تجھ پہ برساتا ہے شبنم دیدۂ گریاں مرا
ہے نہاں تیری اداسی میں دلِ ویراں مرا
میری بربادی کی ہے چھوٹی سی اک تصویر تُو
خواب میری زندگی تھی جس کی ہے تعبیر تُو

ہمچونے از نیستانِ خود حکایت می کنم
بشنو اے گل! از جدائی ہا شکایت می کنم

سیّد کی لوحِ تربت

اے کہ تیرا مرغِ جاں تارِ نفَس میں ہے اسیر
اے کہ تیری روح کا طائر قفس میں ہے اسیر
اس چمن کے نغمہ پیراؤں کی آزادی تو دیکھ
شہر جو اجڑا ہوا تھا اس کی آبادی تو دیکھ
فکر رہتی تھی مجھے جس کی وہ محفل ہے یہی
صبر و استقلال کی کھیتی کا حاصل ہے یہی

سنگِ تربت ہے مرا گرویدۂ تقریر دیکھ
چشمِ باطن سے ذرا اس لوح کی تحریر دیکھ

مدّعا تیرا اگر دنیا میں ہے تعلیم دیں
ترکِ دنیا قوم کو اپنی نہ سکھلانا کہیں
وا نہ کرنا فرقہ بندی کے لیے اپنی زباں
چھپ کے ہے بیٹھا ہوا ہنگامۂ محشر یہاں
وصل کے اسباب پیدا ہوں تری تحریر سے
دیکھ کوئی دل نہ دکھ جائے تری تقریر سے

محفلِ نو میں پرانی داستانوں کو نہ چھیڑ
رنگ پر جو اب نہ آئیں ان فسانوں کو نہ چھیڑ

تُو اگر کوئی مدبّر ہے تو سن میری صدا

ہے دلیری دستِ اربابِ سیاست کا عصا
عرضِ مطلب سے جھجک جانا نہیں زیبا تجھے
نیک ہے نیت اگر تیری تو کیا پروا تجھے

بندۂ مومن کا دل بیم و ریا سے پاک ہے
قوتِ فرماں روا کے سامنے بے باک ہے

ہو اگر ہاتھوں میں تیرے خامۂ معجز رقم
شیشۂ دل ہو اگر تیرا مثالِ جامِ جم
پاک رکھ اپنی زباں، تلمیذِ رحمانی ہے تُو
ہو نہ جائے دیکھنا تیری صدا بے آبرو!

سونے والوں کو جگا دے شعر کے اعجاز سے
خرمنِ باطل جلا دے شعلۂ آواز سے

ماہِ نو

ٹوٹ کر خورشید کی کشتی ہوئی غرقابِ نیل
ایک ٹکڑا تیرتا پھرتا ہے روئے آبِ نیل
طشتِ گردُوں میں ٹپکتا ہے شفق کا خون ناب
نشترِ قدرت نے کیا کھولی ہے فصدِ آفتاب

چرخ نے بالی چُرا لی ہے عروسِ شام کی
نیل کے پانی میں یا مچھلی ہے سیمِ خام کی

قافلہ تیرا رواں بے منّتِ بانگِ درا
گوشِ انساں سن نہیں سکتا تری آوازِ پا
گھٹنے بڑھنے کا سماں آنکھوں کو دکھلاتا ہے تُو
ہے وطن تیرا کدھر، کس دیس کو جاتا ہے تُو
ساتھ اے سیّارۂ ثابت نما لے چل مجھے
خارِ حسرت کی خلش رکھتی ہے اب بے کل مجھے

نور کا طالب ہُوں، گھبراتا ہُوں اس بستی میں مَیں
طفلکِ سیماب پا ہُوں مکتبِ ہستی میں مَیں

انسان اور بزمِ قدرت

صبح خورشیدِ درخشاں کو جو دیکھا مَیں نے
بزمِ معمورۂ ہستی سے یہ پوچھا مَیں نے
پرتَوِ مہر کے دم سے ہے اُجالا تیرا
سیمِ سیّال ہے پانی ترے دریاؤں کا
مہر نے نور کا زیور تجھے پہنایا ہے
تیری محفل کو اسی شمع نے چمکایا ہے
گل و گلزار ترے خلد کی تصویریں ہیں
یہ سبھی ''سورۂ والشّمس'' کی تفسیریں ہیں
سرخ پوشاک ہے پھولوں کی، درختوں کی ہری
تیری محفل میں کوئی سبز، کوئی لال پری
ہے ترے خیمۂ گردُوں کی طلائی جھالر
بدلیاں لال سی آتی ہیں افق پر جو نظر
کیا بھلی لگتی ہے آنکھوں کو شفق کی لالی
مئے گل رنگ خُمِ شام میں تُو نے ڈالی
رتبہ تیرا ہے بڑا، شان بڑی ہے تیری
پردۂ نور میں مستور ہے ہر شے تیری
صبح اک گیت سراپا ہے تری سطوت کا
زیرِ خورشید نشاں تک بھی نہیں ظلمت کا
مَیں بھی آباد ہُوں اس نور کی بستی میں مگر
جل گیا پھر مری تقدیر کا اختر کیونکر؟
نور سے دُور ہُوں ظلمت میں گرفتار ہُوں میں

کیوں سیہ روز، سیہ بخت، سیہ کار ہُوں مَیں؟

مَیں یہ کہتا تھا کہ آواز کہیں سے آئی
بامِ گردُوں سے وہ یا صحنِ زمیں سے آئی
ہے ترے نور سے وابستہ مری بُود و نبُود
باغباں ہے تری ہستی پۓ گلزارِ وجود
انجمن حسن کی ہے تُو، تری تصویر ہُوں مَیں
عشق کا تُو ہے صحیفہ، تری تفسیر ہُوں مَیں
میرے بگڑے ہوئے کاموں کو بنایا تُو نے
بار جو مجھ سے نہ اٹھا وہ اٹھایا تُو نے
نورِ خورشید کی محتاج ہے ہستی میری
اور بے منّتِ خورشید چمک ہے تری
ہو نہ خورشید تو ویراں ہو گلستاں میرا
منزلِ عیش کی جا نام ہو زنداں میرا
آہ اے رازِ عیاں کے نہ سمجھنے والے!
حلقۂ دامِ تمنّا میں الجھنے والے
ہائے غفلت کہ تری آنکھ ہے پابندِ مجاز
ناز زیبا تھا تجھے، تُو ہے مگر گرمِ نیاز
تُو اگر اپنی حقیقت سے خبردار رہے
نہ سیہ روز رہے پھر نہ سیہ کار رہے

پیامِ صبح

(ماخوذ از لانگ فیلو)

اُجالا جب ہوا رخصت جبینِ شب کی افشاں کا
نسیمِ زندگی پیغام لائی صبحِ خنداں کا
جگایا بلبلِ رنگیں نوا کو آشیانے میں
کنارے کھیت کے شانہ ہلایا اس نے دہقاں کا
طلسمِ ظلمتِ شب سورۂ والنّور سے توڑا
اندھیرے میں اڑایا تاجِ زر، شمعِ شبستاں کا
پڑھا خوابیدگانِ دَیر پر افسونِ بیداری
برہمن کو دیا پیغام خورشیدِ درخشاں کا
ہوئی بامِ حرم پر آ کے یوں گویا مؤذن سے
نہیں کھٹکا ترے دل میں نمودِ مہرِ تاباں کا؟
پکاری اس طرح دیوارِ گلشن پر کھڑے ہو کر
چٹک او غنچۂ گل! تُو مؤذن ہے گلستاں کا
دیا یہ حکم، صحرا میں چلو اے قافلے والو!
چمکنے کو ہے جگنو بن کے ہر ذرّہ بیاباں کا
سوئے گورِ غَریباں جب گئی زندوں کی بستی سے
تو یوں بولی نظارا دیکھ کر شہرِ خموشاں کا
ابھی آرام سے لیٹے رہو، مَیں پھر بھی آؤں گی
سُلا دوں گی جہاں کو، خواب سے تم کو جگاؤں گی

عشق اور موت

(ماخوذ از ٹینیسن)

سہانی نمودِ جہاں کی گھڑی تھی
تبسم فشاں زندگی کی کلی تھی
کہیں مہر کو تاجِ زر مل رہا تھا
عطا چاند کو چاندنی ہو رہی تھی
سیہ پیرہن شام کو دے رہے تھے
ستاروں کو تعلیمِ تابندگی تھی
کہیں شاخِ ہستی کو لگتے تھے پتّے
کہیں زندگی کی کلی پھوٹتی تھی
فرشتے سکھاتے تھے شبنم کو رونا
ہنسی گل کو پہلے پہل آ رہی تھی
عطا درد ہوتا تھا شاعر کے دل کو
خودی تشنہ کامِ مئے بے خودی تھی
اٹھی اوّل اوّل گھٹا کالی کالی
کوئی حُور چوٹی کو کھولے کھڑی تھی
زمیں کو تھا دعویٰ کہ مَیں آسماں ہُوں
مکاں کہہ رہا تھا کہ مَیں لا مکاں ہُوں

غرض اس قدر یہ نظارہ تھا پیارا
کہ نظّارگی ہو سراپا نظارا
مَلک آزماتے تھے پرواز اپنی
جبینوں سے نورِ ازل آشکارا
فرشتہ تھا اک، عشق تھا نام جس کا
کہ تھی رہبری اس کی سب کا سہارا
فرشتہ کہ پُتلا تھا بے تابیوں کا

مَلک کا مَلک اور پارے کا پارا
پئے سَیر فردوس کو جا رہا تھا
قضا سے مِلا راہ میں وہ قضا را
یہ پوچھا ترا نام کیا، کام کیا ہے
نہیں آنکھ کو دید تیری گوارا
ہُوا سن کے گویا قضا کا فرشتہ
اجل ہُوں، مرا کام ہے آشکارا
اڑاتی ہُوں مَیں رختِ ہستی کے پرزے
بجھاتی ہُوں مَیں زندگی کا شرارا
مری آنکھ میں جادوئے نیستی ہے
پیامِ فنا ہے اسی کا اشارا
مگر ایک ہستی ہے دنیا میں ایسی
وہ آتش ہے میں سامنے اس کے پارا
شرر بن کے رہتی ہے انساں کے دل میں
وہ ہے نورِ مطلق کی آنکھوں کا تارا
ٹپکتی ہے آنکھوں سے بن بن کے آنسو
وہ آنسو کہ ہو جن کی تلخی گوارا
سنی عشق نے گفتگو جب قضا کی
ہنسی اس کے لب پر ہوئی آشکارا
گری اس تبسم کی بجلی اجل پر
اندھیرے کا ہو نور میں کیا گزارا!
بقا کو جو دیکھا فنا ہو گئی وہ
قضا تھی شکارِ قضا ہو گئی وہ

زہد اور رندی

اک مولوی صاحب کی سناتا ہُوں کہانی
تیزی نہیں منظور طبیعت کی دکھانی
شہرہ تھا بہت آپ کی صوفی مَنَشی کا
کرتے تھے ادب ان کا اعالی و ادانی
کہتے تھے کہ پنہاں ہے تصوف میں شریعت
جس طرح کہ الفاظ میں مضمر ہوں معانی
لبریز مئے زہد سے تھی دل کی صراحی
تھی تہہ میں کہیں دُردِ خیالِ ہمہ دانی
کرتے تھے بیاں آپ کرامات کا اپنی
منظور تھی تعداد مریدوں کی بڑھانی
مدت سے رہا کرتے تھے ہمسائے میں میرے
تھی رند سے زاہد کی ملاقات پرانی
حضرت نے مرے ایک شناسا سے یہ پوچھا
اقبالؔ، کہ ہے قمریِ شمشادِ معانی
پابندیِ احکامِ شریعت میں ہے کیسا؟
گو شعر میں ہے رشکِ کلیمِ ہمَدانی
سنتا ہُوں کہ کافر نہیں ہندو کو سمجھتا
ہے ایسا عقیدہ اثرِ فلسفہ دانی
ہے اس کی طبیعت میں تَشیُع بھی ذرا سا
تفضیلِ علیؓ ہم نے سنی اس کی زبانی
سمجھا ہے کہ ہے راگ عبادات میں داخل
مقصود ہے مذہب کی مگر خاک اڑانی
گانا جو ہے شب کو تو سحر کو ہے تلاوت
اس رمز کے اب تک نہ کھُلے ہم پہ معانی
لیکن یہ سنا اپنے مریدوں سے ہے مَیں نے
بے داغ ہے مانندِ سحر اس کی جوانی

مجموعۂ اضداد ہے، اقبال نہیں ہے
دل دفترِ حکمت ہے، طبیعت خفَقانی
رندی سے بھی آگاہ، شریعت سے بھی واقف
پوچھو جو تصوف کی تو منصور کا ثانی
اس شخص کی ہم پر تو حقیقت نہیں کھلتی
ہو گا یہ کسی اور ہی اسلام کا بانی
القصہ بہت طول دیا وعظ کو اپنے
تا دیر رہی آپ کی یہ نغز بیانی
اس شہر میں جو بات ہو، اڑ جاتی ہے سب میں
مَیں نے بھی سنی اپنے اَحِبّا کی زبانی
اک دن جو سرِ راہ ملے حضرتِ زاہد
پھر چھِڑ گئی باتوں میں وہی بات پرانی
فرمایا، شکایت وہ محبّت کے سبب تھی
تھا فرض مرا راہ شریعت کی دکھانی
مَیں نے یہ کہا کوئی گلہ مجھ کو نہیں ہے
یہ آپ کا حق تھا زَرہِ قربِ مکانی
خم ہے سرِ تسلیم مرا آپ کے آگے
پیری ہے تَواضع کے سبب میری جوانی
گر آپ کو معلوم نہیں میری حقیقت
پیدا نہیں کچھ اس سے قصورِ ہمہ دانی
مَیں خود بھی نہیں اپنی حقیقت کا شناسا
گہرا ہے مرے بحرِ خیالات کا پانی
مجھ کو بھی تمنّا ہے کہ "اقبال" کو دیکھوں
کی اس کی جدائی میں بہت اشک فشانی
اقبال بھی "اقبال" سے آگاہ نہیں ہے
کچھ اس میں تمسخر نہیں، واللہ نہیں ہے

شاعر

قوم گویا جسم ہے، افراد ہیں اعضائے قوم
منزلِ صنعت کے رہ پیما ہیں دست و پائے قوم
محفلِ نظمِ حکومت، چہرۂ زیبائے قوم
شاعرِ رنگیں نوا ہے دیدۂ بینائے قوم
مبتلائے درد کوئی عضو ہو روتی ہے آنکھ
کس قدر ہمدرد سارے جسم کی ہوتی ہے آنکھ

دل

قصّۂ دار و رسن بازیِ طفلانۂ دل
التجائے "اَرِنی" سرخیِ افسانۂ دل

یارب اس ساغرِ لبریز کی مے کیا ہو گی
جادۂ ملکِ بقا ہے خطِ پیمانۂ دل

ابرِ رحمت تھا کہ تھی عشق کی بجلی یارب!
جل گئی مزرعۂ ہستی تو اُگا دانۂ دل

حسن کا گنجِ گراں مایہ تجھے مل جاتا
تُو نے فرہاد! نہ کھودا کبھی ویرانۂ دل!

عرش کا ہے کبھی کعبے کا ہے دھوکا اس پر
کس کی منزل ہے الٰہی! مرا کاشانۂ دل

اس کو اپنا ہے جنوں اور مجھے سودا اپنا
دل کسی اور کا دیوانہ، مَیں دیوانۂ دل

تُو سمجھتا نہیں اے زاہدِ ناداں اس کو
رشکِ صد سجدہ ہے اک لغزشِ مستانۂ دل

خاک کے ڈھیر کو اکسیر بنا دیتی ہے
وہ اثر رکھتی ہے خاکسترِ پروانۂ دل

عشق کے دام میں پھنس کر یہ رِہا ہوتا ہے
برق گرتی ہے تو یہ نخل ہرا ہوتا ہے

موجِ دریا

مضطرب رکھتا ہے میرا دلِ بے تاب مجھے
عین ہستی ہے تڑپ صورتِ سیماب مجھے
موج ہے نام مرا، بحر ہے پایاب مجھے
ہو نہ زنجیر کبھی حلقۂ گرداب مجھے
آب میں مثلِ ہوا جاتا ہے توسن میرا
خارِ ماہی سے نہ اٹکا کبھی دامن میرا

مَیں اچھلتی ہُوں کبھی جذبِ مہِ کامل سے
جوش میں سر کو پٹکتی ہُوں کبھی ساحل سے
ہُوں وہ رہرو کہ محبّت ہے مجھے منزل سے
کیوں تڑپتی ہُوں، یہ پوچھے کوئی میرے دل سے
زحمتِ تنگیِ دریا سے گریزاں ہُوں مَیں
وسعتِ بحر کی فرقت میں پریشاں ہُوں مَیں

رخصت اے بزمِ جہاں

(ماخوذ از ایمرسن)

رخصت اے بزمِ جہاں! سوئے وطن جاتا ہُوں مَیں
آہ! اس آباد ویرانے میں گھبراتا ہُوں مَیں
بسکہ مَیں افسردہ دل ہُوں، درخورِ محفل نہیں
تُو مرے قابل نہیں ہے، مَیں ترے قابل نہیں
قید ہے، دربارِ سلطان و شبستانِ وزیر
توڑ کر نکلے گا زنجیرِ طلائی کا اسیر
گو بڑی لذّت تری ہنگامہ آرائی میں ہے
اجنبیت سی مگر تیری شناسائی میں ہے

مدتوں تیرے خود آراؤں سے ہم صحبت رہا
مدتوں بے تاب موجِ بحر کی صورت رہا
مدتوں بیٹھا ترے ہنگامۂ عشرت میں مَیں
روشنی کی جستجو کرتا رہا ظلمت میں مَیں
مدتوں ڈھونڈا کیا نظّارۂ گل، خار میں
آہ، وہ یوسف نہ ہاتھ آیا ترے بازار میں
چشمِ حیراں ڈھونڈتی اب اور نظّارے کو ہے
آرزو ساحل کی مجھ طوفان کے مارے کو ہے
چھوڑ کر مانندِ بو تیرا چمن، جاتا ہُوں مَیں
رخصت اے بزمِ جہاں! سوئے وطن جاتا ہُوں مَیں

بانگِ درا

گھر بنایا ہے سکوتِ دامنِ کہسار میں
آہ! یہ لذّت کہاں موسیقیِ گفتار میں
ہم نشینِ نرگسِ شہلا، رفیقِ گُل ہُوں مَیں
ہے چمن میرا وطن، ہمسایۂ بلبل ہُوں مَیں
شام کو آواز چشموں کی سلاتی ہے مجھے
صبح فرشِ سبز سے کوئل جگاتی ہے مجھے
بزمِ ہستی میں ہے سب کو محفل آرائی پسند
ہے دلِ شاعر کو لیکن کُنجِ تنہائی پسند
ہے جنوں مجھ کو کہ گھبراتا ہُوں آبادی میں مَیں
ڈھونڈتا پھرتا ہُوں کس کو کوہ کی وادی میں مَیں؟
شوق کس کا سبزہ زاروں میں پھراتا ہے مجھے
اور چشموں کے کنارے پر سلاتا ہے مجھے؟
طعنہ زن ہے تُو کہ شیدا کُنجِ عزلت کا ہُوں مَیں
دیکھ اے غافل! پیامی بزمِ قدرت کا ہُوں مَیں

ہم وطن شمشاد کا، قمری کا مَیں ہم راز ہُوں
اس چمن کی خامشی میں گوش بر آواز ہُوں
کچھ جو سنتا ہُوں تو اوروں کو سنانے کے لیے
دیکھتا ہُوں کچھ تو اوروں کو دکھانے کے لیے
عاشقِ عزلت ہے دل، نازاں ہُوں اپنے گھر پہ مَیں
خندہ زن ہُوں مسندِ دارا و اسکندر پہ مَیں
لیٹنا زیرِ شجر رکھتا ہے جادو کا اثر
شام کے تارے پہ جب پڑتی ہو رہ رہ کے نظر
عِلم کے حیرت کدے میں ہے کہاں اس کی نمود
گُل کی پتّی میں نظر آتا ہے رازِ ہست و بُود!

طفلِ شیر خوار

مَیں نے چاقو تجھ سے چھینا ہے تو چلّاتا ہے تُو
مہرباں ہُوں مَیں، مجھے نا مہرباں سمجھا ہے تُو
پھر پڑا روئے گا اے نووارِدِ اقلیمِ غم
چبھ نہ جائے دیکھنا! باریک ہے نوکِ قلم
آہ! کیوں دکھ دینے والی شے سے تجھ کو پیار ہے
کھیل اس کاغذ کے ٹکڑے سے، یہ بے آزار ہے
گیند ہے تیری کہاں، چینی کی بلّی ہے کدھر؟
وہ ذرا سا جانور ٹوٹا ہوا ہے جس کا سر
تیرا آئینہ تھا آزادِ غبارِ آرزو
آنکھ کھُلتے ہی چمک اُٹھّا شرارِ آرزو
ہاتھ کی جنبش میں، طرزِ دید میں پوشیدہ ہے
تیری صورت آرزو بھی تیری نوزائیدہ ہے
زندگانی ہے تری آزادِ قیدِ امتیاز
تیری آنکھوں پر ہویدا ہے مگر قدرت کا راز
جب کسی شے پر بگڑ کر مجھ سے، چلّاتا ہے تُو
کیا تماشا ہے ردی کاغذ سے من جاتا ہے تُو
آہ! اس عادت میں ہم آہنگ ہُوں مَیں بھی ترا
تُو تلوّن آشنا، مَیں بھی تلوّن آشنا
عارضی لذّت کا شیدائی ہُوں، چلّاتا ہُوں مَیں
جلد آ جاتا ہے غصہ، جلد من جاتا ہُوں مَیں
میری آنکھوں کو لبھا لیتا ہے حسنِ ظاہری
کم نہیں کچھ تیری نادانی سے نادانی مری
تیری صورت گاہ گریاں گاہ خنداں مَیں بھی ہُوں
دیکھنے کو نوجواں ہُوں، طفلِ ناداں مَیں بھی ہُوں

تصویرِ درد

نہیں منّت کشِ تابِ شنیدن داستاں میری
خموشی گفتگو ہے بے زبانی ہے زباں میری
یہ دستورِ زباں بندی ہے کیسا تیری محفل میں
یہاں تو بات کرنے کو ترستی ہے زباں میری
اٹھائے کچھ وَرَق لالے نے، کچھ نرگس نے، کچھ گل نے
چمن میں ہر طرف بکھری ہوئی ہے داستاں میری
اڑا لی قمریوں نے، طوطیوں نے، عندلیبوں نے
چمن والوں نے مل کر لوٹ لی طرزِ فغاں میری
ٹپک اے شمع آنسو بن کے پروانے کی آنکھوں سے
سراپا درد ہُوں حسرت بھری ہے داستاں میری
الٰہی! پھر مزا کیا ہے یہاں دنیا میں رہنے کا
حیاتِ جاوداں میری، نہ مرگِ ناگہاں میری!
مرا رونا نہیں، رونا ہے یہ سارے گلستاں کا
وہ گل ہُوں میں، خزاں ہر گل کی ہے گویا خزاں میری

"دریں حسرت سرا عمریست افسونِ جرس دارم
ز فیضِ دل تپیدنہا خروشِ بے نفَس دارم"

ریاضِ دہر میں نا آشنائے بزمِ عشرت ہُوں
خوشی روتی ہے جس کو، مَیں وہ محرومِ مسرت ہُوں
مری بگڑی ہوئی تقدیر کو روتی ہے گویائی
مَیں حرفِ زیرِ لب ، شرمندۂ گوشِ سماعت ہُوں

پریشاں ہُوں مَیں مُشتِ خاک ، لیکن کچھ نہیں کھُلتا
سکندر ہُوں کہ آئینہ ہُوں یا گردِ کدورت ہُوں
یہ سب کچھ ہے مگرہستی مری مقصد ہے قدرت کا
سراپا نور ہو جس کی حقیقت، مَیں وہ ظلمت ہُوں
خزینہ ہُوں، چھپایا مجھ کو مُشتِ خاکِ صحرا نے
کسی کو کیا خبر ہے مَیں کہاں ہُوں کس کی دولت ہُوں!
نظر میری نہیں ممنونِ سیرِ عرصۂ ہستی
مَیں وہ چھوٹی سی دنیا ہُوں کہ آپ اپنی ولایت ہُوں
نہ صہبا ہُوں نہ ساقی ہُوں نہ مستی ہُوں نہ پیمانہ
مَیں اس میخانۂ ہستی میں ہر شے کی حقیقت ہُوں
مجھے رازِ دو عالم دل کا آئینہ دکھاتا ہے
وہی کہتا ہُوں جو کچھ سامنے آنکھوں کے آتا ہے

عطا ایسا بیاں مجھ کو ہوا رنگیں بیانوں میں
کہ بامِ عرش کے طائر ہیں میرے ہم زبانوں میں
اثر یہ بھی ہے اک میرے جنونِ فتنہ ساماں کا
مرا آئینۂ دل ہے قضا کے راز دانوں میں
رلاتا ہے ترا نظّارہ اے ہندوستاں! مجھ کو
کہ عبرت خیز ہے تیرا فسانہ سب فسانوں میں
دیا رونا مجھے ایسا کہ سب کچھ دے دیا گویا
لکھا کلکِ ازل نے مجھ کو تیرے نوحہ خوانوں میں
نشانِ برگِ گُل تک بھی نہ چھوڑ اس باغ میں گلچیں!
تری قسمت سے رزم آرائیاں ہیں باغبانوں میں
چھپا کر آستیں میں بجلیاں رکھی ہیں گردُوں نے
عنادل باغ کے غافل نہ بیٹھیں آشیانوں میں
سن اے غافل صدا میری، یہ ایسی چیز ہے جس کو
وظیفہ جان کر پڑھتے ہیں طائر بوستانوں میں
وطن کی فکر کر ناداں مصیبت آنے والی ہے

تری بربادیوں کے مشورے ہیں آسمانوں میں
ذرا دیکھ اس کو جو کچھ ہو رہا ہے، ہونے والا ہے
دھرا کیا ہے بھلا عہدِ کہن کی داستانوں میں
یہ خاموشی کہاں تک؟ لذّتِ فریاد پیدا کر
زمیں پر تُو ہو اور تیری صدا ہو آسمانوں میں
نہ سمجھو گے تو مٹ جاؤ گے اے ہندوستاں والو!
تمھاری داستاں تک بھی نہ ہو گی داستانوں میں
یہی آئینِ قدرت ہے، یہی اسلوبِ فطرت ہے
جو ہے راہِ عمل میں گامزن، محبوبِ فطرت ہے

ہویدا آج اپنے زخمِ پنہاں کر کے چھوڑوں گا
لہو رو رو کے محفل کو گلستاں کر کے چھوڑوں گا
جلانا ہے مجھے ہر شمعِ دل کو سوزِ پنہاں سے
تری تاریک راتوں میں چراغاں کر کے چھوڑوں گا
مگر غنچوں کی صورت ہوں دلِ درد آشنا پیدا
چمن میں مُشتِ خاک اپنی پریشاں کر کے چھوڑوں گا
پرونا ایک ہی تسبیح میں ان بکھرے دانوں کو
جو مشکل ہے، تو اس مشکل کو آساں کر کے چھوڑوں گا
مجھے اے ہم نشیں رہنے دے شغلِ سینہ کاوی میں
کہ مَیں داغِ محبّت کو نمایاں کر کے چھوڑوں گا
دکھا دوں گا جہاں کو جو مری آنکھوں نے دیکھا ہے
تجھے بھی صورتِ آئینہ حیراں کر کے چھوڑوں گا

جو ہے پردوں میں پنہاں، چشمِ بینا دیکھ لیتی ہے
زمانے کی طبیعت کا تقاضا دیکھ لیتی ہے

کیا رفعت کی لذّت سے نہ دل کو آشنا تُو نے
گزاری عمر پستی میں مثالِ نقشِ پا تُو نے

رہا دل بستۂ محفل، مگر اپنی نگاہوں کو
کیا بیرونِ محفل سے نہ حیرت آشنا تُو نے
فدا کرتا رہا دل کو حسینوں کی اداؤں پر
مگر دیکھی نہ اس آئینے میں اپنی ادا تُو نے
تعصب چھوڑ ناداں! دہر کے آئینہ خانے میں
یہ تصویریں ہیں تیری جن کو سمجھا ہے برا تُو نے
سراپا نالۂ بیدادِ سوزِ زندگی ہو جا
سپند آسا گرہ میں باندھ رکھی ہے صدا تُو نے
صفائے دل کو کیا آرائشِ رنگِ تعلق سے
کفِ آئینہ پر باندھی ہے او ناداں حنا تُو نے
زمیں کیا آسماں بھی تیری کج بینی پہ روتا ہے
غضب ہے سطرِ قرآں کو چلیپا کر دیا تُو نے
زباں سے گر کیا توحید کا دعویٰ تو کیا حاصل!
بنایا ہے بتِ پندار کو اپنا خدا تُو نے
کنویں میں تُو نے یوسف کو جو دیکھا بھی تو کیا دیکھا
ارے غافل! جو مطلق تھا مقید کر دیا تُو نے

ہوس بالائے منبر ہے تجھے رنگیں بیانی کی
نصیحت بھی تری صورت ہے اک افسانہ خوانی کی

دکھا وہ حسنِ عالم سوز اپنی چشمِ پُر نم کو
جو تڑپاتا ہے پروانے کو، رلواتا ہے شبنم کو
نرا نظّارہ ہی اے بوالہوس مقصد نہیں اس کا
بنایا ہے کسی نے کچھ سمجھ کر چشمِ آدم کو
اگر دیکھا بھی اس نے سارے عالم کو تو کیا دیکھا
نظر آئی نہ کچھ اپنی حقیقت جام سے جم کو
شجر ہے فرقہ آرائی، تعصب ہے ثمر اس کا
یہ وہ پھل ہے کہ جنّت سے نکلواتا ہے آدم کو

نہ اٹھّا جذبۂ خورشید سے اک برگِ گل تک بھی
یہ رفعت کی تمنّا ہے کہ لے اڑتی ہے شبنم کو
پھرا کرتے نہیں مجروحِ الفت فکرِ درماں میں
یہ زخمی آپ کر لیتے ہیں پیدا اپنے مرہم کو

محبّت کے شرر سے دل سراپا نور ہوتا ہے
ذرا سے بیج سے پیدا ریاضِ طُور ہوتا ہے

دوا ہر دکھ کی ہے مجروحِ تیغِ آرزو رہنا
علاجِ زخم ہے آزادِ احسانِ رفو رہنا
شرابِ بے خودی سے تا فلک پرواز ہے میری
شکستِ رنگ سے سیکھا ہے مَیں نے بن کے بُو رہنا
تھمے کیا دیدۂ گریاں وطن کی نوحہ خوانی میں
عبادت چشمِ شاعر کی ہے ہر دم با وضو رہنا
بنائیں کیا سمجھ کر شاخِ گل پر آشیاں اپنا
چمن میں آہ! کیا رہنا جو ہو بے آبرو رہنا
جو تُو سمجھے تو آزادی ہے پوشیدہ محبّت میں
غلامی ہے اسیرِ امتیازِ ما و تُو رہنا
یہ استغنا ہے، پانی میں نگوں رکھتا ہے ساغر کو
تجھے بھی چاہیے مثلِ حبابِ آبجو رہنا
نہ رہ اپنوں سے بے پروا، اسی میں خیر ہے تیری
اگر منظور ہے دنیا میں او بیگانہ خو رہنا
شرابِ روح پرور ہے محبّت نوعِ انساں کی
سکھایا اس نے مجھ کو مست بے جام و سبُو رہنا

محبّت ہی سے پائی ہے شفا بیمار قوموں نے
کیا ہے اپنے بختِ خفتہ کو بیدار قوموں نے

بیابانِ محبّت دشتِ غربت بھی، وطن بھی ہے
یہ ویرانہ قفس بھی، آشیانہ بھی، چمن بھی ہے
محبّت ہی وہ منزل ہے کہ منزل بھی ہے، صحرا بھی
جرس بھی، کارواں بھی، راہبر بھی، راہزن بھی ہے
مرض کہتے ہیں سب اس کو، یہ ہے لیکن مرض ایسا
چھپا جس میں علاجِ گردشِ چرخِ کہن بھی ہے
جلانا دل کا ہے گویا سراپا نور ہو جانا
یہ پروانہ جو سوزاں ہو تو شمعِ انجمن بھی ہے
وہی اک حسن ہے، لیکن نظر آتا ہے ہر شے میں
یہ شیریں بھی ہے گویا بیستوں بھی، کوہکن بھی ہے
اجاڑا ہے تمیزِ ملّت و آئیں نے قوموں کو
مرے اہلِ وطن کے دل میں کچھ فکرِ وطن بھی ہے؟
سکوت آموز طولِ داستانِ درد ہے ورنہ
زباں بھی ہے ہمارے منہ میں اور تابِ سخن بھی ہے

نمیگردید کوتہ رشتۂ معنی رہا کر دم
حکایت بُود بے پایاں، بخاموشی ادا کر دم

نالۂ فراق

(آرنلڈ کی یاد میں)

جا بسا مغرب میں آخر اے مکاں تیرا مکیں
آہ! مشرق کی پسند آئی نہ اس کو سر زمیں
آ گیا آج اس صداقت کا مرے دل کو یقیں
ظلمتِ شب سے ضیائے روزِ فرقت کم نہیں

"تا ز آغوشِ وداعش داغِ حیرت چیدہ است
ہمچو شمعِ کُشتہ در چشمِ نگہ خوابیدہ است"

کشتۂ عزلت ہُوں، آبادی میں گھبراتا ہُوں مَیں
شہر سے سودا کی شدت میں نکل جاتا ہُوں مَیں
یادِ ایّامِ سلف سے دل کو تڑپاتا ہُوں مَیں
بہرِ تسکیں تیری جانب دوڑتا آتا ہُوں مَیں

آنکھ گو مانوس ہے تیرے در و دیوار سے
اجنبیت ہے مگر پیدا مری رفتار سے

ذرّہ میرے دل کا خورشید آشنا ہونے کو تھا
آئنہ ٹوٹا ہوا عالم نما ہونے کو تھا
نخل میری آرزوؤں کا ہرا ہونے کو تھا

آہ! کیا جانے کوئی ، میں کیا سے کیا ہونے کو تھا

ابْرِ رحمت دامن از گلزارِ من برچید و رفت
اند کے بر غنچہ ہائے آرزو بارید و رفت

تُو کہاں ہے اے کلیمِ ذروۂ سینائے عِلم
تھی تری موجِ نفس بادِ نشاط افزائے عِلم
اب کہاں وہ شوقِ رہ پیمائیِ صحرائے عِلم
تیرے دم سے تھا ہمارے سر میں بھی سودائے عِلم

"شورِ لیلیٰ کو؟ کہ باز آرائشِ سودا کند
خاکِ مجنوں را غبارِ خاطرِ صحرا کند"

کھول دے گا دشتِ وحشت عقدۂ تقدیر کو
توڑ کر پہنچوں گا مَیں پنجاب کی زنجیر کو
دیکھتا ہے دیدۂ حیراں تری تصویر کو
کیا تسلّی ہو مگر گرویدۂ تقریر کو

"تابِ گویائی نہیں رکھتا دہن تصویر کا
خامشی کہتے ہیں جس کو، ہے سخن تصویر کا"

چاند

میرے ویرانے سے کوسوں دُور ہے تیرا وطن
ہے مگر دریائے دل تیری کشش سے موجزن
قصد کس محفل کا ہے؟ آتا ہے کس محفل سے تُو؟
زرد رُو شاید ہوا رنجِ رہِ منزل سے تُو
آفرنیش میں سراپا نور ہُوں، ظلمت ہوں مَیں
اس سیہ روزی پہ لیکن تیرا ہم قسمت ہُوں مَیں
آہ، مَیں جلتا ہُوں سوزِ اشتیاقِ دید سے
تُو سراپا سوز داغِ منّتِ خورشید سے
ایک حلقے پر اگر قائم تری رفتار ہے
میری گردش بھی مثالِ گردشِ پرکار ہے
زندگی کی رہ میں سرگرداں ہے تُو، حیراں ہُوں مَیں
تُو فروزاں محفلِ ہستی میں ہے، سوزاں ہُوں مَیں
مَیں رہِ منزل میں ہُوں، تُو بھی رہِ منزل میں ہے
تیری محفل میں جو خاموشی ہے، میرے دل میں ہے
تُو طلب خو ہے تو میرا بھی یہی دستور ہے
چاندنی ہے نور تیرا، عشق میرا نور ہے
انجمن ہے ایک میری بھی جہاں رہتا ہُوں مَیں
بزم میں اپنی اگر یکتا ہے تُو، تنہا ہُوں مَیں
مہر کا پرتَو ترے حق میں ہے پیغامِ اجل
محو کر دیتا ہے مجھ کو جلوۂ حسنِ ازل
پھر بھی اے ماہِ مبیں! مَیں اور ہُوں تُو اور ہے
درد جس پہلو میں اٹھتا ہو وہ پہلو اور ہے
گرچہ مَیں ظلمت سراپا ہُوں، سراپا نور تُو
سینکڑوں منزل ہے ذوقِ آگہی سے دُور تُو
جو مری ہستی کا مقصد ہے، مجھے معلوم ہے
یہ چمک وہ ہے، جبیں جس سے تری محروم ہے

بلالؓ

چمک اٹھا جو ستارہ ترے مقدر کا
حَبَش سے تجھ کو اٹھا کر حجاز میں لایا
ہوئی اسی سے ترے غم کدے کی آبادی
تری غلامی کے صدقے ہزار آزادی
وہ آستاں نہ چھٹا تجھ سے ایک دم کے لیے
کسی کے شوق میں تُو نے مزے ستم کے لیے
جفا جو عشق میں ہوتی ہے وہ جفا ہی نہیں
ستم نہ ہو تو محبّت میں کچھ مزا ہی نہیں

نظر تھی صورتِ سلماںؓ ادا شناس تری
شرابِ دید سے بڑھتی تھی اور پیاس تری
تجھے نظارے کا مثلِ کلیم سودا تھا
اویسؓ طاقتِ دیدار کو ترستا تھا
مدینہ تیری نگاہوں کا نور تھا گویا
ترے لیے تو یہ صحرا ہی طُور تھا گویا
تری نظر کو رہی دید میں بھی حسرتِ دید
خنک دلے کہ تپید و دمے نیا سائید
گری وہ برق تری جانِ ناشکیبا پر
کہ خندہ زن تری ظلمت تھی دستِ موسیٰ پر
تپش ز شعلہ گر فتند و بر دلِ تو زدند
چہ برقِ جلوہ بخاشاکِ حاصلِ تو زدند

ادائے دید سراپا نیاز تھی تیری
کسی کو دیکھتے رہنا نماز تھی تیری
اذاں ازل سے ترے عشق کا ترانہ بنی
نماز اس کے نظارے کا اک بہانہ بنی
خوشا وہ وقت کہ یثرب مقام تھا اس کا
خوشا وہ دَور کہ دیدار عام تھا اس کا

سرگزشتِ آدم

سنے کوئی مری غربت کی داستاں مجھ سے
بھلایا قصۂ پیمانِ اوّلیں مَیں نے
لگی نہ میری طبیعت ریاضِ جنّت میں
پیا شعُور کا جب جامِ آتشیں مَیں نے
رہی حقیقتِ عالم کی جستجو مجھ کو
دکھایا اوجِ خیالِ فلک نشیں مَیں نے
مِلا مزاجِ تغیر پسند کچھ ایسا
کیا قرار نہ زیرِ فلک کہیں مَیں نے
نکالا کعبے سے پتھر کی مورتوں کو کبھی
کبھی بتوں کو بنایا حرم نشیں مَیں نے
کبھی مَیں ذوقِ تکلم میں طُور پر پہنچا
چھپایا نورِ ازل زیرِ آستیں مَیں نے
کبھی صلیب پہ اپنوں نے مجھ کو لٹکایا
کیا فلک کو سفر، چھوڑ کر زمیں مَیں نے
کبھی مَیں غارِ حرا میں چھپا رہا برسوں
دیا جہاں کو کبھی جامِ آخریں مَیں نے
سنایا ہند میں آ کر سرودِ ربّانی
پسند کی کبھی یوناں کی سر زمیں مَیں نے
دیارِ ہند نے جس دم مری صدا نہ سنی
بسایا خطۂ جاپان و مُلکِ چیں مَیں نے
بنایا ذرّوں کی ترکیب سے کبھی عالم

خلافِ معنیِ تعلیمِ اہلِ دیں مَیں نے
لہو سے لال کیا سینکڑوں زمینوں کو
جہاں میں چھیڑ کے پیکارِ عقل و دیں مَیں نے
سمجھ میں آئی حقیقت نہ جب ستاروں کی
اسی خیال میں راتیں گزار دیں مَیں نے
ڈرا سکیں نہ کلیسا کی مجھ کو تلواریں
سکھایا مسئلۂ گردشِ زمیں مَیں نے
کشش کا راز ہویدا کیا زمانے پر
لگا کے آئنۂ عقلِ دُوربیں مَیں نے
کیا اسیر شعاعوں کو، برقِ مضطر کو
بنا دی غیرتِ جنّت یہ سر زمیں مَیں نے
مگر خبر نہ ملی آہ! رازِ ہستی کی
کیا خرد سے جہاں کو تہِ نگیں مَیں نے

ہوئی جو چشمِ مظاہر پرست وا آخر
تو پایا خانۂ دل میں اسے مکیں مَیں نے

ترانۂ ہندی

سارے جہاں سے اچھا ہندوستاں ہمارا
ہم بلبلیں ہیں اس کی، یہ گلستاں ہمارا
غربت میں ہوں اگر ہم، رہتا ہے دل وطن میں
سمجھو وہیں ہمیں بھی، دل ہو جہاں ہمارا
پربت وہ سب سے اونچا، ہمسایہ آسماں کا
وہ سنتری ہمارا، وہ پاسباں ہمارا
گودی میں کھیلتی ہیں اس کی ہزاروں ندیاں
گلشن ہے جن کے دم سے رشکِ جناں ہمارا
اے آبِ رودِ گنگا، وہ دن ہیں یاد تجھ کو؟
اترا ترے کنارے جب کارواں ہمارا
مذہب نہیں سکھاتا آپس میں بیر رکھنا
ہندی ہیں ہم وطن ہے ہندوستاں ہمارا
یونان و مِصر و روما سب مٹ گئے جہاں سے
اب تک مگر ہے باقی نام و نشاں ہمارا
کچھ بات ہے کہ ہستی مٹتی نہیں ہماری
صدیوں رہا ہے دشمن دورِ زماں ہمارا

اقبال! کوئی محرم اپنا نہیں جہاں میں
معلوم کیا کسی کو دردِ نہاں ہمارا

جگنو

جگنو کی روشنی ہے کاشانۂ چمن میں
یا شمع جل رہی ہے پھولوں کی انجمن میں
آیا ہے آسماں سے اڑ کر کوئی ستارہ
یا جان پڑ گئی ہے مہتاب کی کرن میں
یا شب کی سلطنت میں دن کا سفیر آیا
غربت میں آ کے چمکا، گم نام تھا وطن میں
تکمہ کوئی گرا ہے مہتاب کی قبا کا
ذرّہ ہے یا نمایاں سورج کے پیرہن میں
حسنِ قدیم کی یہ پوشیدہ اک جھلک تھی
لے آئی جس کو قدرت خلوت سے انجمن میں
چھوٹے سے چاند میں ہے ظلمت بھی روشنی بھی
نکلا کبھی گہن سے، آیا کبھی گہن میں
پروانہ اک پتنگا، جگنو بھی اک پتنگا
وہ روشنی کا طالب، یہ روشنی سراپا

ہر چیز کو جہاں میں قدرت نے دلبری دی
پروانے کو تپش دی، جگنو کو روشنی دی
رنگیں نوا بنایا مرغانِ بے زباں کو
گل کو زبان دے کر تعلیمِ خامشی دی
نظّارۂ شفق کی خوبی زوال میں تھی
چمکا کے اس پری کو تھوڑی سی زندگی دی

رنگیں کیا سحر کو، بانکی دلھن کی صورت
پہنا کے لال جوڑا شبنم کی آرسی دی
سایہ دیا شجر کو، پرواز دی ہَوا کو
پانی کو دی روانی، موجوں کو بے کلی دی
یہ امتیاز لیکن اک بات ہے ہماری
جگنو کا دن وہی ہے جو رات ہے ہماری

حسنِ ازل کی پیدا ہر چیز میں جھلک ہے
انساں میں وہ سخن ہے، غنچے میں وہ چٹک ہے
یہ چاند آسماں کا شاعر کا دل ہے گویا
واں چاندنی ہے جو کچھ، یاں درد کی کسک ہے
اندازِ گفتگو نے دھوکے دیئے ہیں ورنہ
نغمہ ہے بوئے بلبل، بو پھول کی چہک ہے
کثرت میں ہو گیا ہے وحدت کا راز مخفی
جگنو میں جو چمک ہے وہ پھول میں مہک ہے
یہ اختلاف پھر کیوں ہنگاموں کا محل ہو
ہر شے میں جب کہ پنہاں خاموشیِ ازل ہو

صبح کا ستارہ

لطفِ ہمسایگیِ شمس و قمر کو چھوڑوں
اور اس خدمتِ پیغامِ سحر کو چھوڑوں
میرے حق میں تو نہیں تاروں کی بستی اچھی
اس بلندی سے زمیں والوں کی پستی اچھی
آسماں کیا، عدم آباد وطن ہے میرا
صبح کا دامنِ صد چاک کفن ہے میرا
میری قسمت میں ہے ہر روز کا مرنا جینا
ساقیِ موت کے ہاتھوں سے صبوحی پینا
نہ یہ خدمت، نہ یہ عزت، نہ یہ رفعت اچھی
اس گھڑی بھر کے چمکنے سے تو ظلمت اچھی
میری قدرت میں جو ہوتا، تو نہ اختر بنتا
قعرِ دریا میں چمکتا ہوا گوہر بنتا

واں بھی موجوں کی کشاکش سے جو دل گھبراتا
چھوڑ کر بحر کہیں زیبِ گلو ہو جاتا
ہے چمکنے میں مزا حسن کا زیور بن کر
زینتِ تاجِ سرِ بانوئے قیصر بن کر
ایک پتھر کے جو ٹکڑے کا نصیبا جاگا
خاتمِ دستِ سلیماں کا نگیں بن کے رہا
ایسی چیزوں کا مگر دہر میں ہے کام شکست
ہے گہر ہائے گراں مایہ کا انجام شکست

زندگی وہ ہے کہ جو ہو نہ شناسائے اجل
کیا وہ جینا ہے کہ ہو جس میں تقاضائے اجل
ہے یہ انجام اگر زینتِ عالم ہو کر
کیوں نہ گر جاؤں کسی پھول پہ شبنم ہو کر!

کسی پیشانی کے افشاں کے ستاروں میں رہوں
کسی مظلوم کی آہوں کے شراروں میں رہوں
اشک بن کر سرِ مژگاں سے اٹک جاؤں مَیں
کیوں نہ اس بیوی کی آنکھوں سے ٹپک جاؤں مَیں

ق

جس کا شوہر ہو رواں، ہو کے زِرہ میں مستور
سوئے میدانِ وغا، حبِّ وطن سے مجبور
یاس و امیّد کا نظّارہ جو دکھلاتی ہو
جس کی خاموشی سے تقریر بھی شرماتی ہو
جس کو شوہر کی رضا تابِ شکیبائی دے
اور نگاہوں کو حیا طاقتِ گویائی دے
زرد، رخصت کی گھڑی، عارضِ گلگوں ہو جائے
کششِ حسن غمِ ہجر سے افزوں ہو جائے
لاکھ وہ ضبط کرے پر مَیں ٹپک ہی جاؤں
ساغرِ دیدۂ پُرنم سے چھلک ہی جاؤں
خاک میں مل کے حیاتِ ابدی پا جاؤں
عشق کا سوز زمانے کو دکھاتا جاؤں

ہندوستانی بچوں کا قومی گیت

چشتیؒ نے جس زمیں میں پیغامِ حق سنایا
نانک نے جس چمن میں وحدت کا گیت گایا
تاتاریوں نے جس کو اپنا وطن بنایا
جس نے حجازیوں سے دشتِ عرب چھڑایا
میرا وطن وہی ہے، میرا وطن وہی ہے

یونانیوں کو جس نے حیران کر دیا تھا
سارے جہاں کو جس نے عِلم و ہنر دیا تھا
مٹی کو جس کی حق نے زر کا اثر دیا تھا
ترکوں کا جس نے دامن ہیروں سے بھر دیا تھا
میرا وطن وہی ہے، میرا وطن وہی ہے

ٹوٹے تھے جو ستارے فارس کے آسماں سے
پھر تاب دے کے جس نے چمکائے کہکشاں سے
وحدت کی لَے سنی تھی دنیا نے جس مکاں سے
میرِ عرب کو آئی ٹھنڈی ہَوا جہاں سے
میرا وطَن وہی ہے، میرا وطن وہی ہے

بندے کلیم جس کے، پربت جہاں کے سینا
نوحِ نبی کا آ کر ٹھیرا جہاں سفینا
رفعت ہے جس زمیں کی بامِ فلک کا زینا
جنّت کی زندگی ہے جس کی فضا میں جینا
میرا وطن وہی ہے، میرا وطن وہی ہے

نیا شوالا

سچ کہہ دوں اے برہمن! گر تُو برا نہ مانے
تیرے صنم کدوں کے بت ہو گئے پرانے
اپنوں سے بیر رکھنا تُو نے بتوں سے سیکھا
جنگ و جدل سکھایا واعظ کو بھی خدا نے
تنگ آ کے مَیں نے آخر دَیر و حرم کو چھوڑا
واعظ کا وعظ چھوڑا، چھوڑے ترے فسانے
پتھر کی مورتوں میں سمجھا ہے تُو خدا ہے

خاکِ وطن کا مجھ کو ہر ذرّہ دیوتا ہے
آ، غیریت کے پردے اک بار پھر اٹھا دیں
بچھڑوں کو پھر مِلا دیں نقشِ دوئی مٹا دیں
سونی پڑی ہوئی ہے مدت سے دل کی بستی
آ، اک نیا شوالا اس دیس میں بنا دیں
دنیا کے تیرتھوں سے اونچا ہو اپنا تیرتھ
دامانِ آسماں سے اس کا کلس مِلا دیں
ہر صبح اٹھ کے گائیں منتر وہ میٹھے میٹھے
سارے پجاریوں کو مے پیت کی پلا دیں
شکتی بھی شانتی بھی بھگتوں کے گیت میں ہے
دھرتی کے باسیوں کی مکتی پریت میں ہے

داغ

عظمتِ غالبؔ ہے اک مدت سے پیوندِ زمیں
"مہدیِ مجروحؔ" ہے شہرِ خموشاں کا مکیں
توڑ ڈالی موت نے غربت میں مینائے امیرؔ
چشمِ محفل میں ہے اب تک کیفِ صہبائے امیرؔ
آج لیکن ہمنوا! سارا چمن ماتم میں ہے
شمعِ روشن بجھ گئی، بزمِ سخن ماتم میں ہے
بلبلِ دلّی نے باندھا اس چمن میں آشیاں
ہم نوا ہیں سب عنادل باغِ ہستی کے جہاں
چل بسا داغؔ آہ! میت اس کی زیبِ دوش ہے
آخری شاعر جہان آباد کا خاموش ہے

اب کہاں وہ بانکپن، وہ شوخیِ طرزِ بیاں
آگ تھی کافور پیری میں جوانی کی نہاں
تھی زبانِ داغؔ پر جو آرزو ہر دل میں ہے
لیلیٰ معنی وہاں بے پردہ، یاں محمل میں ہے
اب صبا سے کون پوچھے گا سکوتِ گل کا راز
کون سمجھے گا چمن میں نالۂ بلبل کا راز
تھی حقیقت سے نہ غفلت فکر کی پرواز میں
آنکھ طائر کی نشیمن پر رہی پرواز میں

اور دکھلائیں گے مضموں کی ہمیں باریکیاں
اپنے فکرِ نکتہ آرا کی فلک پیمائیاں
تلخیِ دوراں کے نقشے کھینچ کر رلوائیں گے
یا تخیل کی نئی دنیا ہمیں دکھلائیں گے
اس چمن میں ہوں گے پیدا بلبلِ شیراز بھی
سینکڑوں ساحر بھی ہوں گے، صاحبِ اعجاز بھی

اٹھیں گے آذر ہزاروں شعر کے بت خانے سے
مے پلائیں گے نئے ساقی نئے پیمانے سے
لکھی جائیں گی کتابِ دل کی تفسیریں بہت
ہوں گی اے خوابِ جوانی! تیری تعبیریں بہت
ہُو بہُو کھینچے گا لیکن عشق کی تصویر کون؟
اٹھ گیا ناوک فگن، مارے گا دل پر تیر کون؟

اشک کے دانے زمینِ شعر میں بوتا ہُوں مَیں
تُو بھی رو اے خاکِ دلّی! داغؔ کو روتا ہُوں مَیں
اے جہان آباد، اے سرمایۂ بزمِ سخن
ہو گیا پھر آج پامالِ خزاں تیرا چمن
وہ گلِ رنگیں ترا رخصت مثالِ بُو ہوا
آہ! خالی داغؔ سے کاشانۂ اردو ہوا
تھی نہ شاید کچھ کشش ایسی وطن کی خاک میں
وہ مہِ کامل ہوا پنہاں دکن کی خاک میں
اٹھ گئے ساقی جو تھے، مے خانہ خالی رہ گیا
یادگارِ بزمِ دہلی ایک حالی رہ گیا

آرزو کو خون رلواتی ہے بیدادِ اجل
مارتا ہے تیر تاریکی میں صیّادِ اجل
کھل نہیں سکتی شکایت کے لیے لیکن زباں
ہے خزاں کا رنگ بھی وجہِ قیامِ گلستاں
ایک ہی قانونِ عالم گیر کے ہیں سب اثر
بوئے گل کا باغ سے، گلچیں کا دنیا سے سفر

ابر

اٹھی پھر آج وہ پورب سے کالی کالی گھٹا
سیاہ پوش ہوا پھر پہاڑ سربن کا
نہاں ہوا جو رخِ مہر، زیرِ دامنِ ابر
ہوائے سرد بھی آئی سوارِ توسنِ ابر
گرج کا شور نہیں ہے، خموش ہے یہ گھٹا
عجیب مے کدۂ بے خروش ہے یہ گھٹا
چمن میں حکمِ نشاطِ مدام لائی ہے
قبائے گل میں گہر ٹانکنے کو آئی ہے
جو پھول مہر کی گرمی سے سو چلے تھے، اٹھے
زمیں کی گود میں جو پڑ کے سو رہے تھے، اٹھے
ہوا کے زور سے ابھرا، بڑھا، اڑا بادل
اٹھی وہ اور گھٹا، لو! برس پڑا بادل

عجیب خیمہ ہے کہسار کے نہالوں کا
یہیں قیام ہو وادی میں پھرنے والوں کا

ایک پرندہ اور جگنو

سرِ شام ایک مرغِ نغمہ پیرا
کسی ٹہنی پہ بیٹھا گا رہا تھا
چمکتی چیز اک دیکھی زمیں پر
اڑا طائر اسے جگنو سمجھ کر
کہا جگنو نے "او مرغِ نوا ریز!"
نہ کر بے کس پہ منقارِ ہوس تیز
تجھے جس نے چہک، گُل کو مہک دی
اسی اللہ نے مجھ کو چمک دی
لباسِ نور میں مستور ہُوں مَیں
پتنگوں کے جہاں کا طُور ہُوں مَیں
چہک تیری بہشتِ گوش اگر ہے
چمک میری بھی فردوسِ نظر ہے
پروں کو میرے قدرت نے ضیا دی
تجھے اس نے صدائے دل رُبا دی
تری مِنقار کو گانا سکھایا
مجھے گلزار کی مشعل بنایا
چمک بخشی مجھے، آواز تجھ کو
دیا ہے سوز مجھ کو، ساز تجھ کو
مخالف ساز کا ہوتا نہیں سوز
جہاں میں ساز کا ہے ہم نشیں سوز
قیامِ بزمِ ہستی ہے اِنھی سے
ظہورِ اوج و پستی ہے اِنھی سے
ہم آہنگی سے ہے محفل جہاں کی
اسی سے ہے بہار اس بوستاں کی

بچہ اور شمع

کیسی حیرانی ہے یہ اے طفلکِ پروانہ خو!
شمع کے شعلوں کو گھڑیوں دیکھتا رہتا ہے تُو
یہ مری آغوش میں بیٹھے ہوئے جنبش ہے کیا
روشنی سے کیا بغل گیری ہے تیرا مدّعا؟
اس نظارے سے ترا ننھا سا دل حیران ہے
یہ کسی دیکھی ہوئی شے کی مگر پہچان ہے

شمع اک شعلہ ہے لیکن تُو سراپا نور ہے
آہ! اس محفل میں یہ عریاں ہے تُو مستور ہے
دستِ قدرت نے اسے کیا جانے کیوں عریاں کیا!
تجھ کو خاکِ تیرہ کے فانوس میں پنہاں کیا
نور تیرا چھپ گیا زیرِ نقابِ آگہی
ہے غبارِ دیدۂ بِینا حجابِ آگہی
زندگانی جس کو کہتے ہیں فراموشی ہے یہ
خواب ہے، غفلت ہے، سرمستی ہے، بے ہوشی ہے یہ

محفلِ قدرت ہے اک دریائے بے پایانِ حسن
آنکھ اگر دیکھے تو ہر قطرے میں ہے طوفانِ حسن
حسن، کوہستاں کی ہیبت ناک خاموشی میں ہے
مہر کی ضوگستری، شب کی سیہ پوشی میں ہے
آسمانِ صبح کی آئینہ پوشی میں ہے یہ

شام کی ظلمت، شفق کی گل فروشی میں ہے یہ
عظمتِ دیرینہ کے مٹتے ہوئے آثار میں
طفلکِ ناآشنا کی کوششِ گفتار میں
ساکنانِ صحنِ گلشن کی ہم آوازی میں ہے
ننھے ننھے طائروں کی آشیاں سازی میں ہے
چشمۂ کہسار میں، دریا کی آزادی میں حسن
شہر میں، صحرا میں، ویرانے میں، آبادی میں حسن
روح کو لیکن کسی گم گشتہ شے کی ہے ہوس
ورنہ اس صحرا میں کیوں نالاں ہے یہ مثلِ جرس!

حسن کے اس عام جلوے میں بھی یہ بے تاب ہے
زندگی اس کی مثالِ ماہیِ بے آب ہے

کنارِ راوی

سکوتِ شام میں محوِ سرود ہے راوی
نہ پوچھ مجھ سے جو ہے کیفیت مرے دل کی
پیام سجدے کا یہ زیر و بم ہوا مجھ کو
جہاں تمام سوادِ حرم ہوا مجھ کو
سرِ کنارۂ آبِ رواں کھڑا ہُوں مَیں
خبر نہیں مجھے لیکن کہاں کھڑا ہُوں مَیں
شرابِ سرخ سے رنگیں ہوا ہے دامنِ شام
لیے ہے پیرِ فلک دستِ رعشہ دار میں جام
عدم کو قافلۂ روزِ تیز گام چلا
شفق نہیں ہے، یہ سورج کے پھول ہیں گویا
کھڑے ہیں دُور وہ عظمت فزائے تنہائی
منارِ خواب گہِ شہسوارِ چغتائی
فسانۂ ستمِ انقلاب ہے یہ محل
کوئی زمانِ سلف کی کتاب ہے یہ محل
مقام کیا ہے سرودِ خموش ہے گویا
شجر، یہ انجمنِ بے خروش ہے گویا
رواں ہے سینۂ دریا پہ اک سفینۂ تیز
ہوا ہے موج سے ملّاح جس کا گرمِ ستیز
سبک روی میں ہے مثلِ نگاہ یہ کشتی
نکل کے حلقۂ حدِّ نظر سے دُور گئی
جہازِ زندگیِ آدمی رواں ہے یونہی
ابد کے بحر میں پیدا یونہی، نہاں ہے یونہی
شکست سے یہ کبھی آشنا نہیں ہوتا
نظر سے چھپتا ہے لیکن فنا نہیں ہوتا

التجائے مسافر

(بہ درگاہ حضرت محبوبؒ الٰہی، دہلی)

فرشتے پڑھتے ہیں جس کو وہ نام ہے تیرا
بڑی جناب تری، فیض عام ہے تیرا
ستارے عشق کے تیری کشش سے ہیں قائم
نظامِ مہر کی صورت نظام ہے تیرا
تری لحد کی زیارت ہے زندگی دل کی
مسیح و خضر سے اونچا مقام ہے تیرا
نہاں ہے تیری محبّت میں رنگِ محبوبی
بڑی ہے شان، بڑا احترام ہے تیرا
اگر سیاہ دلم، داغِ لالہ زارِ توام
وگر کشادہ جبینم، گلِ بہارِ توام

چمن کو چھوڑ کے نکلا ہُوں مثلِ نکہتِ گُل
ہوا ہے صبر کا منظور امتحاں مجھ کو
چلی ہے لے کے وطن کے نگار خانے سے
شرابِ عِلم کی لذّت کشاں کشاں مجھ کو
نظر ہے ابرِ کرم پر، درختِ صحرا ہُوں
کیا خدا نے نہ محتاجِ باغباں مجھ کو
فلک نشیں صفتِ مہر ہُوں زمانے میں
تری دعا سے عطا ہو وہ نردباں مجھ کو

مقام ہم سفروں سے ہو اس قدر آگے
کہ سمجھے منزلِ مقصود کارواں مجھ کو
مری زبانِ قلم سے کسی کا دل نہ دکھے
کسی سے شکوہ نہ ہو زیرِ آسماں مجھ کو
دلوں کو چاک کرے مثلِ شانہ جس کا اثر
تری جناب سے ایسی ملے فغاں مجھ کو
بنایا تھا جسے چُن چُن کے خار و خس مَیں نے
چمن میں پھر نظر آئے وہ آشیاں مجھ کو
پھر آ رکھوں قدمِ مادر و پدر پہ جبیں
کیا جنھوں نے محبّت کا رازداں مجھ کو
وہ شمعِ بارگہِ خاندانِ مرتضوی
رہے گا مثلِ حرم جس کا آستاں مجھ کو
نفَس سے جس کے کِھلی میری آرزو کی کلی
بنایا جس کی مروّت نے نکتہ داں مجھ کو
دعا یہ کر کہ خداوندِ آسمان و زمیں
کرے پھر اس کی زیارت سے شادماں مجھ کو
وہ میرا یوسفِ ثانی وہ شمعِ محفلِ عشق
ہوئی ہے جس کی اخوّت قرارِ جاں مجھ کو
جلا کے جس کی محبّت نے دفترِ من و تُو
ہوائے عیش میں پالا، کیا جواں مجھ کو
ریاضِ دہر میں مانندِ گل رہے خنداں
کہ ہے عزیز تر از جاں وہ جانِ جاں مجھ کو

شگفتہ ہو کے کلی دل کی پھول ہو جائے!
یہ التجائے مسافر قبول ہو جائے!

غزلیات

★

گلزارِ ہست و بُود نہ بیگانہ وار دیکھ
ہے دیکھنے کی چیز اسے بار بار دیکھ

آیا ہے تُو جہاں میں مثالِ شرار دیکھ
دم دے نہ جائے ہستیِ ناپائدار دیکھ

مانا کہ تیری دید کے قابل نہیں ہُوں مَیں
تُو میرا شوق دیکھ، مرا انتظار دیکھ

کھولی ہیں ذوقِ دید نے آنکھیں تری اگر
ہر رہ گزر میں نقشِ کفِ پائے یار دیکھ

★

نہ آتے، ہمیں اس میں تکرار کیا تھی
مگر وعدہ کرتے ہوئے عار کیا تھی

تمھارے پیامی نے سب راز کھولا
خطا اس میں بندے کی سرکار کیا تھی

بھری بزم میں اپنے عاشق کو تاڑا
تری آنکھ مستی میں ہشیار کیا تھی!

تامّل تو تھا ان کو آنے میں قاصد
مگر یہ بتا طرزِ انکار کیا تھی

کھنچے خود بخود جانبِ طُور موسیٰ
کشش تیری اے شوقِ دیدار کیا تھی!

کہیں ذِکر رہتا ہے اقبالؔ تیرا
فسوں تھا کوئی، تیری گفتار کیا تھی

★

عجب واعظ کی دیں داری ہے یا رب!
عداوت ہے اسے سارے جہاں سے

کوئی اب تک نہ یہ سمجھا کہ انساں
کہاں جاتا ہے آتا ہے کہاں سے

وہیں سے رات کو ظلمت ملی ہے
چمک تارے نے پائی ہے جہاں سے

ہم اپنی درد مندی کا فسانہ
سنا کرتے ہیں اپنے رازداں سے

بڑی باریک ہیں واعظ کی چالیں
لرز جاتا ہے آوازِ اذاں سے

★

لاؤں وہ تنکے کہیں سے آشیانے کے لیے
بجلیاں بے تاب ہوں جن کو جلانے کے لیے

وائے ناکامی، فلک نے تاک کر توڑا اسے
مَیں نے جس ڈالی کو تاڑا آشیانے کے لیے

آنکھ مل جاتی ہے ہفتادِ دو ملّت سے تری
ایک پیمانہ ترا سارے زمانے کے لیے

دل میں کوئی اس طرح کی آرزو پیدا کروں
لوٹ جائے آسماں میرے مٹانے کے لیے

جمع کر خرمن تو پہلے دانہ دانہ چُن کے تُو
آ ہی نکلے گی کوئی بجلی جلانے کے لیے

پاس تھا ناکامیِ صیّاد کا اے ہم صفیر
ورنہ مَیں، اور اڑ کے آتا ایک دانے کے لیے

اس چمن میں مرغِ دل گائے نہ آزادی کا گیت
آہ یہ گلشن نہیں ایسے ترانے کے لیے

★

کیا کہوں اپنے چمن سے مَیں جدا کیونکر ہوا
اور اسیرِ حلقۂ دام ہوا کیونکر ہوا

جائے حیرت ہے، برا سارے زمانے کا ہُوں مَیں
مجھ کو یہ خلعت شرافت کا عطا کیونکر ہوا

کچھ دکھانے دیکھنے کا تھا تقاضا طُور پر
کیا خبر ہے تجھ کو اے دل! فیصلا کیونکر ہوا

ہے طلب بے مدّعا ہونے کی بھی اک مدّعا
مرغِ دل دامِ تمنّا سے رِہا کیونکر ہوا

دیکھنے والے یہاں بھی دیکھ لیتے ہیں تجھے
پھر یہ وعدہ حشر کا صبر آزما کیونکر ہوا

حسنِ کامل ہی نہ ہو اس بے حجابی کا سبب
وہ جو تھا پردوں میں پنہاں، خود نما کیونکر ہوا

موت کا نسخہ ابھی باقی ہے اے دردِ فراق!
چارہ گر دیوانہ ہے، مَیں لا دوا کیونکر ہوا

تُو نے دیکھا ہے کبھی اے دیدۂ عبرت کہ گل
ہو کے پیدا خاک سے رنگیں قبا کیونکر ہوا

پرسشِ اعمال سے مقصد تھا رسوائی مری
ورنہ ظاہر تھا سبھی کچھ، کیا ہوا، کیونکر ہوا

میرے مٹنے کا تماشا دیکھنے کی چیز تھی
کیا بتاؤں ان کا میرا سامنا کیونکر ہوا

★

انوکھی وضع ہے، سارے زمانے سے نرالے ہیں
یہ عاشق کون سی بستی کے یارب رہنے والے ہیں

علاجِ درد میں بھی درد کی لذّت پہ مرتا ہُوں
جو تھے چھالوں میں کانٹے، نوکِ سوزن سے نکالے ہیں

پھلا پھولا رہے یارب! چمن میری امیدوں کا
جگر کا خون دے دے کر یہ بوٹے مَیں نے پالے ہیں

رلاتی ہے مجھے راتوں کو خاموشی ستاروں کی
نرالا عشق ہے میرا، نرالے میرے نالے ہیں

نہ پوچھو مجھ سے لذّت خانماں برباد رہنے کی
نشیمن سینکڑوں مَیں نے بنا کر پھونک ڈالے ہیں

نہیں بیگانگی اچھی رفیقِ راہِ منزل سے
ٹھہر جا اے شرر، ہم بھی تو آخر مٹنے والے ہیں

امیدِ حُور نے سب کچھ سِکھا رکھا ہے واعظ کو
یہ حضرت دیکھنے میں سیدھے سادے، بھولے بھالے ہیں

مرے اشعار اے اقبالؔ کیوں پیارے نہ ہوں مجھ کو
مرے ٹوٹے ہوئے دل کے یہ درد انگیز نالے ہیں

★

ظاہر کی آنکھ سے نہ تماشا کرے کوئی
ہو دیکھنا تو دیدۂ دل وا کرے کوئی

منصور کو ہوا لبِ گویا پیامِ موت
اب کیا کسی کے عشق کا دعویٰ کرے کوئی

ہو دید کا جو شوق تو آنکھوں کو بند کر
ہے دیکھنا یہی کہ نہ دیکھا کرے کوئی

مَیں انتہائے عشق ہُوں، تُو انتہائے حسن
دیکھے مجھے کہ تجھ کو تماشا کرے کوئی

چھپتی نہیں ہے یہ نگہِ شوق ہم نشیں!
پھر اور کس طرح انھیں دیکھا کرے کوئی

اڑ بیٹھے کیا سمجھ کے بھلا طُور پر کلیم
طاقت ہو دید کی تو تقاضا کرے کوئی

نظارے کو یہ جنبشِ مژگاں بھی بار ہے
نرگس کی آنکھ سے تجھے دیکھا کرے کوئی

کھل جائیں، کیا مزے ہیں تمنائے شوق میں
دو چار دن جو میری تمنّا کرے کوئی

★

جنھیں مَیں ڈھونڈتا تھا آسمانوں میں زمینوں میں
وہ نکلے میرے ظلمت خانۂ دل کے مکینوں میں

حقیقت اپنی آنکھوں پر نمایاں جب ہوئی اپنی
مکاں نکلا ہمارے خانۂ دل کے مکینوں میں

اگر کچھ آشنا ہوتا مذاقِ جبہ سائی سے
تو سنگِ آستانِ کعبہ جا ملتا جبینوں میں

مہینے وصل کے گھڑیوں کی صورت اڑتے جاتے ہیں
مگر گھڑیاں جدائی کی گزرتی ہیں مہینوں میں

مجھے روکے گا تُو اے ناخدا کیا غرق ہونے سے
کہ جن کو ڈوبنا ہو، ڈوب جاتے ہیں سفینوں میں

چھپایا حسن کو اپنے کلیم اللہ سے جس نے
وہی ناز آفریں ہے جلوہ پیرا نازنینوں میں

جلا سکتی ہے شمعِ کشتہ کو موجِ نفَس ان کی
الٰہی! کیا چھپا ہوتا ہے اہلِ دل کے سینوں میں

تمنّا دردِ دل کی ہو تو کر خدمت فقیروں کی
نہیں ملتا یہ گوہر بادشاہوں کے خزینوں میں

نہ پوچھ ان خرقہ پوشوں کی، ارادت ہو تو دیکھ ان کو
یدِ بیضا لیے بیٹھے ہیں اپنی آستینوں میں

ترستی ہے نگاہِ نارسا جس کے نظارے کو
وہ رونق انجمن کی ہے اُنھی خلوت گزینوں میں

کسی ایسے شرر سے پھونک اپنے خرمنِ دل کو
کہ خورشیدِ قیامت بھی ہو تیرے خوشہ چینوں میں

محبّت کے لیے دل ڈھونڈ کوئی ٹوٹنے والا
یہ وہ مے ہے جسے رکھتے ہیں نازک آبگینوں میں

سراپا حسن بن جاتا ہے جس کے حسن کا عاشق
بھلا اے دل حسیں ایسا بھی ہے کوئی حسینوں میں

پھڑک اٹھا کوئی تیری ادائے "**مَا عَرَفْنَا**" پر
ترا رتبہ رہا بڑھ چڑھ کے سب ناز آفرینوں میں

نمایاں ہو کے دکھلا دے کبھی ان کو جمال اپنا
بہت مدت سے چرچے ہیں ترے باریک بینوں میں

خموش اے دل! بھری محفل میں چِلّانا نہیں اچھا
ادب پہلا قرینہ ہے محبّت کے قرینوں میں

برا سمجھوں انھیں مجھ سے تو ایسا ہو نہیں سکتا
کہ میَں خود بھی تو ہُوں اقبالؔ اپنے نکتہ چینوں میں

★

ترے عشق کی انتہا چاہتا ہُوں
مری سادگی دیکھ، کیا چاہتا ہُوں

ستم ہو کہ ہو وعدۂ بے حجابی
کوئی بات صبر آزما چاہتا ہُوں

یہ جنّت مبارک رہے زاہدوں کو
کہ مَیں آپ کا سامنا چاہتا ہُوں

ذرا سا تو دل ہُوں، مگر شوخ اتنا
وہی لن ترانی سنا چاہتا ہُوں

کوئی دم کا مہماں ہُوں اے اہلِ محفل
چراغِ سحر ہُوں، بجھا چاہتا ہُوں

بھری بزم میں راز کی بات کہہ دی
بڑا بے ادب ہُوں، سزا چاہتا ہُوں

★

کشادہ دستِ کرم جب وہ بے نیاز کرے
نیاز مند نہ کیوں عاجزی پہ ناز کرے

بٹھا کے عرش پہ رکھا ہے تُو نے اے واعظ!
خدا وہ کیا ہے جو بندوں سے احتراز کرے

مری نگاہ میں وہ رند ہی نہیں ساقی
جو ہوشیاری و مستی میں امتیاز کرے

مدام گوش بہ دل رہ، یہ ساز ہے ایسا
جو ہو شکستہ تو پیدا نوائے راز کرے

سخن میں سوز، الٰہی کہاں سے آتا ہے
یہ چیز وہ ہے کہ پتھر کو بھی گداز کرے

تمیزِ لالہ و گل سے ہے نالۂ بلبل
جہاں میں وا نہ کوئی چشمِ امتیاز کرے

غرورِ زہد نے سکھلا دیا ہے واعظ کو
کہ بندگانِ خدا پر زباں دراز کرے

ہَوا ہو ایسی کہ ہندوستاں سے اے اقبالؔ
اڑا کے مجھ کو غبارِ رہِ حجاز کرے

★

سختیاں کرتا ہُوں دل پر، غیر سے غافل ہُوں مَیں
ہائے کیا اچھی کہی ظالم ہُوں مَیں، جاہل ہُوں مَیں

مَیں جبھی تک تھا کہ تیری جلوہ پیرائی نہ تھی
جو نمودِ حق سے مٹ جاتا ہے وہ باطل ہُوں مَیں

عِلم کے دریا سے نکلے غوطہ زن گوہر بدست
وائے محرومی! خزف چینِ لبِ ساحل ہُوں مَیں

ہے مری ذلّت ہی کچھ میری شرافت کی دلیل
جس کی غفلت کو مَلک روتے ہیں وہ غافل ہُوں مَیں

بزمِ ہستی! اپنی آرائش پہ تُو نازاں نہ ہو
تُو تو اک تصویر ہے محفل کی اور محفل ہُوں مَیں

ڈھونڈتا پھرتا ہُوں اے اقبالؔ اپنے آپ کو
آپ ہی گویا مسافر، آپ ہی منزل ہُوں مَیں

★

مجنوں نے شہر چھوڑا تو صحرا بھی چھوڑ دے
نظارے کی ہوس ہو تو لیلیٰ بھی چھوڑ دے

واعظ! کمالِ ترک سے ملتی ہے یاں مراد
دنیا جو چھوڑ دی ہے تو عقبیٰ بھی چھوڑ دے

تقلید کی روش سے تو بہتر ہے خودکشی
رستہ بھی ڈھونڈ، خضر کا سودا بھی چھوڑ دے

مانندِ خامہ تیری زباں پر ہے حرفِ غیر
بیگانہ شے پہ نازشِ بے جا بھی چھوڑ دے

لطفِ کلام کیا جو نہ ہو دل میں دردِ عشق
بسمل نہیں ہے تُو، تو تڑپنا بھی چھوڑ دے

شبنم کی طرح پھولوں پہ رو، اور چمن سے چل
اس باغ میں قیام کا سودا بھی چھوڑ دے

ہے عاشقی میں رسم الگ سب سے بیٹھنا
بت خانہ بھی، حرم بھی، کلیسا بھی چھوڑ دے

سوداگری نہیں، یہ عبادت خدا کی ہے
اے بے خبر! جزا کی تمنّا بھی چھوڑ دے

اچھا ہے دل کے ساتھ رہے پاسبانِ عقل
لیکن کبھی کبھی اسے تنہا بھی چھوڑ دے

جینا وہ کیا جو ہو نفَسِ غیر پر مدار
شہرت کی زندگی کا بھروسا بھی چھوڑ دے

شوخی سی ہے سوالِ مکرّر میں اے کلیم!
شرطِ رضا یہ ہے کہ تقاضا بھی چھوڑ دے

واعظ ثبوت لائے جو مے کے جواز میں
اقبالؔ کو یہ ضد ہے کہ پینا بھی چھوڑ دے

حصہ دوم

۱۹۰۵ سے ۱۹۰۸ تک

محبّت

عروسِ شب کی زلفیں تھیں ابھی نا آشنا خم سے
ستارے آسماں کے بے خبر تھے لذّتِ رم سے
قمر اپنے لباسِ نو میں بیگانہ سا لگتا تھا
نہ تھا واقف ابھی گردش کے آئینِ مسلّم سے
ابھی امکاں کے ظلمت خانے سے ابھری ہی تھی دنیا
مذاقِ زندگی پوشیدہ تھا پہنائے عالم سے
کمالِ نظمِ ہستی کی ابھی تھی ابتدا گویا
ہویدا تھی نگینے کی تمنّا چشمِ خاتم سے
سنا ہے عالمِ بالا میں کوئی کیمیا گر تھا
صفا تھی جس کی خاکِ پا میں بڑھ کر ساغرِ جم سے
لکھا تھا عرش کے پائے پہ اک اکسیر کا نسخہ
چھپاتے تھے فرشتے جس کو چشمِ روحِ آدم سے
نگاہیں تاک میں رہتی تھیں لیکن کیمیا گر کی
وہ اس نسخے کو بڑھ کر جانتا تھا اسمِ اعظم سے
بڑھا تسبیح خوانی کے بہانے عرش کی جانب
تمنائے دلی آخر بر آئی سعیِ پیہم سے
پھرایا فکرِ اجزا نے اسے میدانِ امکاں میں
چھپے گی کیا کوئی شے بارگاہِ حق کے محرم سے
چمک تارے سے مانگی، چاند سے داغِ جگر مانگا
اڑائی تیرگی تھوڑی سی شب کی زلفِ برہم سے
تڑپ بجلی سے پائی، حور سے پاکیزگی پائی

حرارت لی نفَس ہائے مسیحِ ابنِ مریم سے
ذرا سی پھر ربوبیّت سے شانِ بے نیازی لی
مَلک سے عاجزی، افتادگی تقدیرِ شبنم سے
پھر ان اجزا کو گھولا چشمۂ حیواں کے پانی میں
مُرکّب نے محبّت نام پایا عرشِ اعظم سے
مہوّس نے یہ پانی ہستیِ نوخیز پر چھڑکا
گرہ کھولی ہنر نے اس کے گویا کارِ عالم سے
ہوئی جنبش عیاں، ذرّوں نے لطفِ خواب کو چھوڑا
گلے ملنے لگے اٹھ اٹھ کے اپنے اپنے ہمدم سے

خرامِ ناز پایا آفتابوں نے، ستاروں نے
چٹک غنچوں نے پائی، داغ پائے لالہ زاروں نے

حقیقتِ حسن

خدا سے حسن نے اک روز یہ سوال کیا
جہاں میں کیوں نہ مجھے تُو نے لازوال کیا
مِلا جواب کہ تصویر خانہ ہے دنیا
شبِ درازِ عدم کا فسانہ ہے دنیا
ہوئی ہے رنگِ تغیر سے جب نمود اس کی
وہی حسیں ہے حقیقت زوال ہے جس کی
کہیں قریب تھا، یہ گفتگو قمر نے سنی
فلک پہ عام ہوئی، اخترِ سحر نے سنی
سحر نے تارے سے سن کر سنائی شبنم کو
فلک کی بات بتا دی زمیں کے محرم کو
بھر آئے پھول کے آنسو پیامِ شبنم سے
کلی کا ننھا سا دل خون ہو گیا غم سے

چمن سے روتا ہوا موسمِ بہار گیا
شباب سیر کو آیا تھا، سوگوار گیا

پیام

عشق نے کر دیا تجھے ذوقِ تپش سے آشنا
بزم کو مثلِ شمعِ بزم حاصلِ سوز و ساز دے
شانِ کرم پہ ہے مدار عشقِ گرہ کشائے کا
دَیر و حرم کی قید کیا جس کو وہ بے نیاز دے
صورتِ شمع نور کی ملتی نہیں قبا اسے
جس کو خدا نہ دہر میں گریۂ جاں گداز دے
تارے میں وہ قمر میں وہ جلوہ گہِ سحر میں وہ
چشمِ نظارہ میں نہ تُو سرمۂ امتیاز دے
عشقِ بلند بال ہے رسم و رہِ نیاز سے
حسن ہے مستِ ناز اگر تُو بھی جوابِ ناز دے
پیرِ مغاں فرنگ کی مے کا نشاط ہے اثر
اس میں وہ کیفِ غم نہیں مجھ کو تُو خانہ ساز دے
تجھ کو خبر نہیں ہے کیا بزمِ کہن بدل گئی
اب نہ خدا کے واسطے ان کو مئے مجاز دے

سوامی رام تیرتھ

ہم بغل دریا سے ہے اے قطرۂ بے تاب تُو
پہلے گوہر تھا، بنا اب گوہرِ نایاب تُو
آہ کھولا کس ادا سے تُو نے رازِ رنگ و بُو
مَیں ابھی تک ہُوں اسیرِ امتیازِ رنگ و بُو
مٹ کے غوغا زندگی کا شورشِ محشر بنا
یہ شرارہ بجھ کے آتش خانۂ آذر بنا
نفیِ ہستی اک کرشمہ ہے دلِ آگاہ کا
''لا'' کے دریا میں نہاں موتی ہے ''الا اللہ'' کا
چشمِ نابینا سے مخفی معنیِ انجام ہے
تھم گئی جس دم تڑپ، سیماب سیم خام ہے
توڑ دیتا ہے بتِ ہستی کو ابراہیمِ عشق
ہوش کا دارو ہے گویا مستیِ تسنیمِ عشق

طلبۂ علی گڑھ کالج کے نام

اوروں کا ہے پیام اور، میرا پیام اور ہے
عشق کے درد مند کا طرزِ کلام اور ہے
طائرِ زیرِ دام کے نالے تو سن چکے ہو تم
یہ بھی سنو کہ نالۂ طائرِ بام اور ہے
آتی تھی کوہ سے صدا رازِ حیات ہے سکوں
کہتا تھا مورِ ناتواں، لطفِ خرام اور ہے
جذبِ حرم سے ہے فروغ انجمنِ حجاز کا
اس کا مقام اور ہے، اس کا نظام اور ہے
موت ہے عیشِ جاوداں، ذوقِ طلب اگر نہ ہو
گردشِ آدمی ہے اور، گردشِ جام اور ہے
شمعِ سحر یہ کہہ گئی سوز ہے زندگی کا ساز
غم کدۂ نمود میں شرطِ دوام اور ہے

بادہ ہے نیم رس ابھی، شوق ہے نارسا ابھی
رہنے دو خم کے سر پہ تم خشتِ کلیسیا ابھی

اخترِ صبح

ستارہ صبح کا روتا تھا اور یہ کہتا تھا
ملی نگاہ مگر فرصتِ نظر نہ ملی
ہوئی ہے زندہ دمِ آفتاب سے ہر شے
اماں مجھی کو تہِ دامنِ سحر نہ ملی

بساط کیا ہے بھلا صبح کے ستارے کی
نفَس حباب کا، تابندگی شرارے کی

کہا یہ مَیں نے کہ اے زیورِ جبینِ سحر!
غمِ فنا ہے تجھے! گنبدِ فلک سے اتر
ٹپک بلندیِ گردُوں سے ہم رہِ شبنم
مرے ریاضِ سخن کی فضا ہے جاں پرور

مَیں باغباں ہُوں، محبّت بہار ہے اس کی
بِنا مثالِ ابد پائدار ہے اس کی

حسن و عشق

جس طرح ڈوبتی ہے کشتیِ سیمینِ قمر
نورِ خورشید کے طوفان میں ہنگامِ سحر
جیسے ہو جاتا ہے گم نور کا لے کر آنچل
چاندنی رات میں مہتاب کا ہم رنگ کنول
جلوۂ طُور میں جیسے یدِ بیضائے کلیم
موجۂ نکہتِ گلزار میں غنچے کی شمیم

ہے ترے سیلِ محبّت میں یونہی دل میرا

تُو جو محفل ہے تو ہنگامۂ محفل ہُوں مَیں
حسن کی برق ہے تُو، عشق کا حاصل ہُوں مَیں
تُو سحر ہے تو مرے اشک ہیں شبنم تیری
شامِ غربت ہوں اگر مَیں تو شفق تُو میری
مرے دل میں تری زلفوں کی پریشانی ہے
تری تصویر سے پیدا مری حیرانی ہے

حسن کامل ہے ترا، عشق ہے کامل میرا

ہے مرے باغِ سخن کے لیے تُو بادِ بہار
میرے بے تاب تخیل کو دیا تُو نے قرار
جب سے آباد ترا عشق ہوا سینے میں
نئے جوہر ہوئے پیدا مرے آئینے میں
حسن سے عشق کی فطرت کو ہے تحریکِ کمال
تجھ سے سر سبز ہوئے میری امیدوں کے نہال

قافلہ ہو گیا آسودۂ منزل میرا

۔۔ کی گود میں بلی دیکھ کر

تجھ کو دزدیدہ نگاہی یہ سِکھا دی کس نے
رمز آغازِ محبّت کی بتا دی کس نے
ہر ادا سے تری پیدا ہے محبّت کیسی
نیلی آنکھوں سے ٹپکتی ہے ذکاوت کیسی
دیکھتی ہے کبھی ان کو، کبھی شرماتی ہے
کبھی اٹھتی ہے، کبھی لیٹ کے سو جاتی ہے
آنکھ تیری صفتِ آئنہ حیران ہے کیا
نورِ آگاہی سے روشن تری پہچان ہے کیا
مارتی ہے انھیں پونہچوں سے، عجب ناز ہے یہ
چھیڑ ہے، غصہ ہے یا پیار کا انداز ہے یہ؟
شوخ تُو ہو گی تو گودی سے اتاریں گے تجھے
گر گیا پھول جو سینے کا تو ماریں گے تجھے
کیا تجسس ہے تجھے، کس کی تمنائی ہے
آہ! کیا تُو بھی اسی چیز کی سودائی ہے
خاص انسان سے کچھ حسن کا احساس نہیں
صورتِ دل ہے یہ ہر چیز کے باطن میں مکیں
شیشۂ دہر میں مانندِ مئے ناب ہے عشق
روحِ خورشید ہے، خونِ رگِ مہتاب ہے عشق
دلِ ہر ذرّہ میں پوشیدہ کسک ہے اس کی
نور یہ وہ ہے کہ ہر شے میں جھلک ہے اس کی
کہیں سامانِ مسرت، کہیں سازِ غم ہے
کہیں گوہر ہے، کہیں اشک، کہیں شبنم ہے

کلی

جب دکھاتی ہے سحر عارضِ رنگیں اپنا
کھول دیتی ہے کلی سینۂ زرّیں اپنا
جلوہ آشام ہے یہ صبح کے مے خانے میں
زندگی اس کی ہے خورشید کے پیمانے میں
سامنے مہر کے دل چیر کے رکھ دیتی ہے
کس قدر سینہ شگافی کے مزے لیتی ہے

مرے خورشید! کبھی تُو بھی اٹھا اپنی نقاب
بہرِ نظّارہ تڑپتی ہے نگاہِ بے تاب
تیرے جلوے کا نشیمن ہو مرے سینے میں
عکس آباد ہو تیرا مرے آئینے میں
زندگی ہو ترا نظّارہ مرے دل کے لیے
روشنی ہو تری گہوارہ مرے دل کے لیے

ذرّہ ذرّہ ہو مرا پھر طرب اندوزِ حیات
ہو عیاں جوہرِ اندیشہ میں پھر سوزِ حیات
اپنے خورشید کا نظّارہ کروں دُور سے مَیں
صفتِ غنچہ ہم آغوش رہوں نور سے مَیں
جانِ مضطر کی حقیقت کو نمایاں کر دوں
دل کے پوشیدہ خیالوں کو بھی عریاں کر دوں

چاند اور تارے

ڈرتے ڈرتے دمِ سحر سے
تارے کہنے لگے قمر سے
نظّارے رہے وہی فلک پر
ہم تھک بھی گئے چمک چمک کر
کام اپنا ہے صبح و شام چلنا
چلنا چلنا، مدام چلنا
بے تاب ہے اس جہاں کی ہر شے
کہتے ہیں جسے سکوں، نہیں ہے
رہتے ہیں ستم کش سفر سب
تارے، انساں، شجر، حجر سب
ہو گا کبھی ختم یہ سفر کیا
منزل کبھی آئے گی نظر کیا

کہنے لگا چاند، ہم نشینو
اے مزرعِ شب کے خوشہ چینو!
جنبش سے ہے زندگی جہاں کی
یہ رسم قدیم ہے یہاں کی
ہے دوڑتا اشہبِ زمانہ
کھا کھا کے طلب کا تازیانہ
اس رہ میں مقام بے محل ہے
پوشیدہ قرار میں اجل ہے
چلنے والے نکل گئے ہیں
جو ٹھہرے ذرا، کچل گئے ہیں
انجام ہے اس خرام کا حسن
آغاز ہے عشق، انتہا حسن

وِصال

جستجو جس گل کی تڑپاتی تھی اے بلبل مجھے
خوبیِ قسمت سے آخر مل گیا وہ گل مجھے
خود تڑپتا تھا، چمن والوں کو تڑپاتا تھا مَیں
تجھ کو جب رنگیں نوا پاتا تھا، شرماتا تھا مَیں
میرے پہلو میں دلِ مضطر نہ تھا، سیماب تھا
ارتکابِ جرمِ الفت کے لیے بے تاب تھا
نامرادی محفلِ گل میں مری مشہور تھی
صبح میری آئنہ دارِ شبِ دیجور تھی

از نفَس در سینۂ خوں گشتہ نشتر داشتم
زیرِ خاموشی نہاں غوغائے محشر داشتم

اب تاثّر کے جہاں میں وہ پریشانی نہیں
اہلِ گلشن پر گراں میری غزل خوانی نہیں
عشق کی گرمی سے شعلے بن گئے چھالے مرے
کھیلتے ہیں بجلیوں کے ساتھ اب نالے مرے
غازۂ الفت سے یہ خاکِ سیہ آئینہ ہے
اور آئینے میں عکسِ ہمدمِ دیرینہ ہے
قید میں آیا تو حاصل مجھ کو آزادی ہوئی
دل کے لٹ جانے سے میرے گھر کی آبادی ہوئی
ضو سے اس خورشید کی اختر مرا تابندہ ہے
چاندنی جس کے غبارِ راہ سے شرمندہ ہے

یک نظر کر دی و آداب فنا آموختی
اے خنک روزے کہ خاشاکِ مرا واسوختی

سلیمیٰ

جس کی نمود دیکھی چشمِ ستارہ بیں نے
خورشید میں، قمر میں، تاروں کی انجمن میں
صوفی نے جس کو دل کے ظلمت کدے میں پایا
شاعر نے جس کو دیکھا قدرت کے بانکپن میں
جس کی چمک ہے پیدا، جس کی مہک ہویدا
شبنم کے موتیوں میں، پھولوں کے پیرہن میں
صحرا کو ہے بسایا جس نے سکوت بن کر
ہنگامہ جس کے دم سے کاشانۂ چمن میں
ہر شے میں ہے نمایاں یوں تو جمال اس کا
آنکھوں میں ہے سلیمیٰ! تیری کمال اس کا

عاشقِ ہرجائی

۱

ہے عجب مجموعۂ اضداد اے اقبالؔ تُو
رونقِ ہنگامۂ محفل بھی ہے، تنہا بھی ہے
تیرے ہنگاموں سے اے دیوانۂ رنگیں نوا!
زینتِ گلشن بھی ہے، آرائشِ صحرا بھی ہے
ہم نشیں تاروں کا ہے تُو رفعتِ پرواز سے
اے زمیں فرسا، قدم تیرا فلک پیما بھی ہے
عین شغلِ مے میں پیشانی ہے تیری سجدہ ریز
کچھ ترے مسلک میں رنگِ مشربِ مینا بھی ہے
مثلِ بوئے گل لباسِ رنگ سے عریاں ہے تُو
ہے تو حکمت آفریں، لیکن تجھے سودا بھی ہے
جانبِ منزل رواں بے نقشِ پا مانندِ موج
اور پھر افتادہ مثلِ ساحلِ دریا بھی ہے
حسنِ نسوانی ہے بجلی تیری فطرت کے لیے
پھر عجب یہ ہے کہ تیرا عشق بے پروا بھی ہے
تیری ہستی کا ہے آئینِ تفنّن پر مدار
تُو کبھی ایک آستانے پر جبیں فرسا بھی ہے؟
ہے حسینوں میں وفا نا آشنا تیرا خطاب
اے تلوّن کیش! تُو مشہور بھی، رسوا بھی ہے
لے کے آیا ہے جہاں میں عادتِ سیماب تُو
تیری بے تابی کے صدقے، ہے عجب بے تاب تُو

۲

عشق کی آشفتگی نے کر دیا صحرا جسے
مُشتِ خاک ایسی نہاں زیرِ قبا رکھتا ہُوں مَیں

ہیں ہزاروں اس کے پہلو، رنگ ہر پہلو کا اور
سینے میں ہیرا کوئی ترشا ہوا رکھتا ہُوں مَیں
دل نہیں شاعر کا، ہے کیفیّتوں کی رست خیز
کیا خبر تجھ کو درونِ سینہ کیا رکھتا ہُوں مَیں
آرزو ہر کیفیت میں اک نئے جلوے کی ہے
مضطرب ہوں، دل سکوں نا آشنا رکھتا ہُوں مَیں
بے نیازی سے ہے پیدا میری فطرت کا نیاز
سوز و سازِ جستجو مثلِ صبا رکھتا ہُوں مَیں
موجبِ تسکیں تماشائے شرارِ جستہٗ
ہو نہیں سکتا کہ دل برق آشنا رکھتا ہُوں مَیں
ہر تقاضا عشق کی فطرت کا ہو جس سے خموش
آہ! وہ کامل تجلّی مدّعا رکھتا ہُوں مَیں
جستجو کل کی لیے پھرتی ہے اجزا میں مجھے
حسن بے پایاں ہے، دردِ لادوا رکھتا ہُوں مَیں
زندگی الفت کی درد انجامیوں سے ہے مری
عشق کو آزادِ دستورِ وفا رکھتا ہُوں مَیں
سچ اگر پوچھے تو افلاسِ تخیّل ہے وفا
دل میں ہر دم اک نیا محشر بپا رکھتا ہُوں مَیں
فیضِ ساقی شبنم آسا، ظرفِ دل دریا طلب
تشنۂ دائم ہوں آتش زیرِ پا رکھتا ہُوں مَیں
مجھ کو پیدا کر کے اپنا نکتہ چیں پیدا کیا
نقش ہوں، اپنے مصور سے گلا رکھتا ہُوں مَیں
محفلِ ہستی میں جب ایسا تنک جلوہ تھا حسن
پھر تخیّل کس لیے لا انتہا رکھتا ہُوں مَیں

در بیابانِ طلب پیوستہ می کوشیم ما
موجِ بحریم و شکستِ خویش بر دوشیم ما

کوششِ نا تمام

فرقتِ آفتاب میں کھاتی ہے پیچ و تاب صبح
چشمِ شفق ہے خوں فشاں اخترِ شام کے لیے
رہتی ہے قیسِ روز کو لیلیِٰ شام کی ہوس
اخترِ صبح مضطرب تابِ دوام کے لیے
کہتا تھا قطبِ آسماں قافلۂ نجوم سے
ہمرہو، مَیں ترس گیا لطفِ خرام کے لیے
سوتوں کو ندیوں کا شوق، بحر کا ندیوں کو عشق
موجۂ بحر کو تپش ماہِ تمام کے لیے
حسنِ ازل کہ پردۂ لالہ و گل میں ہے نہاں
کہتے ہیں بے قرار ہے جلوۂ عام کے لیے

رازِ حیات پوچھ لے خضرِ خجستہ گام سے
زندہ ہر ایک چیز ہے کوششِ ناتمام سے

نوائے غم

زندگانی ہے مری مثلِ ربابِ خاموش
جس کی ہر رنگ کے نغموں سے ہے لبریز آغوش
بربطِ کون و مکاں جس کی خموشی پہ نثار
جس کے ہر تار میں ہیں سینکڑوں نغموں کے مزار
محشرستانِ نوا کا ہے امیں جس کا سکوت
اور منّت کشِ ہنگامہ نہیں جس کا سکوت

آہ! امیّد محبّت کی بر آئی نہ کبھی
چوٹ مضراب کی اس ساز نے کھائی نہ کبھی

مگر آتی ہے نسیمِ چمنِ طُور کبھی
سمتِ گردُوں سے ہوائے نفَسِ حُور کبھی
چھیڑ آہستہ سے دیتی ہے مرا تارِ حیات
جس سے ہوتی ہے رِہا روحِ گرفتارِ حیات
نغمۂ یاس کی دھیمی سی صدا اُٹھتی ہے
اشک کے قافلے کو بانگِ درا اُٹھتی ہے

جس طرح رفعتِ شبنم ہے مذاقِ رم سے
میری فطرت کی بلندی ہے نوائے غم سے

عشرتِ امروز

نہ مجھ سے کہہ کہ اجل ہے پیامِ عیش و سرور
نہ کھینچ نقشۂ کیفیتِ شرابِ طُہور
فراقِ حُور میں ہو غم سے ہمکنار نہ تُو
پری کو شیشۂ الفاظ میں اتار نہ تُو
مجھے فریفتۂ ساقیِ جمیل نہ کر
بیانِ حُور نہ کر، ذکرِ سلسبیل نہ کر
مقامِ امن ہے جنّت، مجھے کلام نہیں
شباب کے لیے موزوں ترا پیام نہیں
شباب، آہ! کہاں تک امیدوار رہے
وہ عیش، عیش نہیں، جس کا انتظار رہے
وہ حسن کیا جو محتاجِ چشمِ بِینا ہو
نمود کے لیے منّت پذیرِ فردا ہو

عجیب چیز ہے احساس زندگانی کا
عقیدہ ''عشرتِ امروز'' ہے جوانی کا

انسان

قدرت کا عجیب یہ ستم ہے!
انسان کو راز جو بنایا
راز اس کی نگاہ سے چھپایا
بے تاب ہے ذوق آگہی کا
کھُلتا نہیں بھید زندگی کا
حیرت آغاز و انتہا ہے
آئینے کے گھر میں اور کیا ہے

ہے گرمِ خرام موجِ دریا
دریا سوئے بحر جادہ پیما
بادل کو ہوا اڑا رہی ہے
شانوں پہ اٹھائے لا رہی ہے
تارے مستِ شرابِ تقدیر
زندانِ فلک میں پا بہ زنجیر
خورشید، وہ عابدِ سحر خیز
لانے والا پیامِ "برخیز"
مغرب کی پہاڑیوں میں چھپ کر
پیتا ہے مئے شفق کا ساغر
لذّت گیرِ وجود ہر شے
سر مستِ مئے نمود ہر شے
کوئی نہیں غم گسارِ انساں
کیا تلخ ہے روزگارِ انساں!

جلوۂ حسن

جلوۂ حسن کہ ہے جس سے تمنّا بے تاب
پالتا ہے جسے آغوشِ تخیل میں شباب
ابدی بنتا ہے یہ عالمِ فانی جس سے
ایک افسانۂ رنگیں ہے جوانی جس سے
جو سکھاتا ہے ہمیں سر بہ گریباں ہونا
منظرِ عالمِ حاضر سے گریزاں ہونا
دُور ہو جاتی ہے ادراک کی خامی جس سے
عقل کرتی ہے تاثّر کی غلامی جس سے

آہ! موجود بھی وہ حسن کہیں ہے کہ نہیں
خاتمِ دہر میں یارب وہ نگیں ہے کہ نہیں

ایک شام

(دریائے نیکر "ہائیڈل برگ" کے کنارے پر)

خاموش ہے چاندنی قمر کی
شاخیں ہیں خموش ہر شجر کی
وادی کے نوا فروش خاموش
کہسار کے سبز پوش خاموش
فطرت بے ہوش ہو گئی ہے
آغوش میں شب کے سو گئی ہے
کچھ ایسا سکوت کا فسوں ہے
نیکر کا خرام بھی سکوں ہے
تاروں کا خموش کارواں ہے
یہ قافلہ بے درا رواں ہے
خاموش ہیں کوہ و دشت و دریا
قدرت ہے مراقبے میں گویا
اے دل! تُو بھی خموش ہو جا
آغوش میں غم کو لے کے سو جا

تنہائی

تنہائیِ شب میں ہے حزیں کیا
انجم نہیں تیرے ہم نشیں کیا!
یہ رفعتِ آسمانِ خاموش
خوابیدہ زمیں، جہانِ خاموش
یہ چاند، یہ دشت و در، یہ کہسار
فطرت ہے تمام نسترن زار
موتی خوش رنگ، پیارے پیارے
یعنی ترے آنسوؤں کے تارے

کس شے کی تجھے ہوس ہے اے دل!
قدرت تری ہم نفَس ہے اے دل!

پیامِ عشق

سن اے طلب گارِ دردِ پہلو! مَیں ناز ہوں، تُو نیاز ہو جا
مَیں غزنوی سومناتِ دل کا ہُوں تُو سراپا ایاز ہو جا

نہیں ہے وابستہ زیرِ گردُوں کمال شانِ سکندری سے
تمام ساماں ہے تیرے سینے میں، تُو بھی آئینہ ساز ہو جا

غرض ہے پیکارِ زندگی سے کمال پائے ہلال تیرا
جہاں کا فرضِ قدیم ہے تُو، ادا مثالِ نماز ہو جا

نہ ہو قناعت شعارِ گلچیں! اسی سے قائم ہے شان تیری
وفورِ گل ہے اگر چمن میں تو اور دامن دراز ہو جا

گئے وہ ایّام، اب زمانہ نہیں ہے صحرا نوردیوں کا
جہاں میں مانندِ شمعِ سوزاں میانِ محفل گداز ہو جا

وجود افراد کا مجازی ہے، ہستیِ قوم ہے حقیقی
فدا ہو ملّت پہ یعنی آتش زنِ طلسمِ مجاز ہو جا

یہ ہند کے فرقہ ساز اقبالؔ آذری کر رہے ہیں گویا
بچا کے دامن بتوں سے اپنا غبارِ راہِ حجاز ہو جا

فراق

تلاشِ گوشۂ عزلت میں پھر رہا ہُوں مَیں
یہاں پہاڑ کے دامن میں آ چھپا ہُوں مَیں
شکستہ گیت میں چشموں کے دلبری ہے کمال
دعائے طفلکِ گفتار آزما کی مثال
ہے تختِ لعلِ شفق پر جلوسِ اخترِ شام
بہشت دیدۂ بینا ہے حسنِ منظرِ شام

سکوتِ شامِ جدائی ہوا بہانہ مجھے
کسی کی یاد نے سکھلا دیا ترانہ مجھے

یہ کیفیت ہے مری جانِ نا شکیبا کی
مری مثال ہے طفلِ صغیرِ تنہا کی
اندھیری رات میں کرتا ہے وہ سرود آغاز
صدا کو اپنی سمجھتا ہے غیر کی آواز
یونہی مَیں دل کو پیامِ شکیب دیتا ہوں
شبِ فراق کو گویا فریب دیتا ہوں

عبد القادر کے نام

اٹھ کہ ظلمت ہوئی پیدا افقِ خاور پر
بزم میں شعلہ نوائی سے اُجالا کر دیں
ایک فریاد ہے مانندِ سپند اپنی بساط
اسی ہنگامے سے محفل تہ و بالا کر دیں
اہلِ محفل کو دکھا دیں اثرِ صیقلِ عشق
سنگِ امروز کو آئینۂ فردا کر دیں
جلوۂ یوسفِ گم گشتہ دکھا کر ان کو
تپش آمادہ تر از خونِ زلیخا کر دیں
اس چمن کو سبق آئینِ نمو کا دے کر
قطرۂ شبنمِ بے مایہ کو دریا کر دیں
رختِ جاں بت کدۂ چیں سے اٹھا لیں اپنا
سب کو محوِ رخِ سعدیٰ و سلیمیٰ کر دیں
دیکھ! یثرب میں ہوا ناقۂ لیلیٰ بے کار
قیس کو آرزوئے نو سے شناسا کر دیں
بادہ دیرینہ ہو اور گرم ہو ایسا کہ گداز
جگرِ شیشہ و پیمانہ و مینا کر دیں
گرم رکھتا تھا ہمیں سردیِ مغرب میں جو داغ
چیر کر سینہ اسے وقفِ تماشا کر دیں
شمع کی طرح جئیں بزم گہِ عالم میں
خود جلیں، دیدۂ اغیار کو بینا کر دیں

"ہر چہ در دل گذرد وقفِ زباں دارد شمع
سوختن نیست خیالے کہ نہاں دارد شمع"

صقلیہ

(جزیرۂ سسلی)

رو لے اب دل کھول کر اے دیدۂ خونابہ بار
وہ نظر آتا ہے تہذیبِ حجازی کا مزار
تھا یہاں ہنگامہ ان صحرا نشینوں کا کبھی
بحر بازی گاہ تھا جن کے سفینوں کا کبھی
زلزلے جن سے شہنشاہوں کے درباروں میں تھے
بجلیوں کے آشیانے جن کی تلواروں میں تھے
اک جہانِ تازہ کا پیغام تھا جن کا ظہور
کھا گئی عصرِ کہن کو جن کی تیغِ ناصبور
مردہ عالم زندہ جن کی شورشِ قُم سے ہوا
آدمی آزاد زنجیرِ توہّم سے ہوا

غلغلوں سے جس کے لذّت گیر اب تک گوش ہے
کیا وہ تکبیر اب ہمیشہ کے لیے خاموش ہے؟

آہ اے سسلی! سمندر کی ہے تجھ سے آبرو
رہنما کی طرح اس پانی کے صحرا میں ہے تُو
زیب تیرے خال سے رخسار دریا کو رہے
تیری شمعوں سے تسلّی بحر پیما کو رہے
ہو سبک چشمِ مسافر پر ترا منظر مدام

موج رقصاں تیرے ساحل کی چٹانوں پر مدام

تُو کبھی اس قوم کی تہذیب کا گہوارہ تھا
حسنِ عالم سوز جس کا آتشِ نظّارہ تھا

نالہ کش شیراز کا بلبل ہوا بغداد پر
داغ رویا خون کے آنسو جہاں آباد پر
آسماں نے دولتِ غرناطہ جب برباد کی
ابنِ بدروںؔ کے دلِ ناشاد نے فریاد کی

غم نصیب اقبالؔ کو بخشا گیا ماتم ترا
چُن لیا تقدیر نے وہ دل کہ تھا محُرم ترا

ہے ترے آثار میں پوشیدہ کس کی داستاں
تیرے ساحل کی خموشی میں ہے اندازِ بیاں
درد اپنا مجھ سے کہہ، مَیں بھی سراپا درد ہوں
جس کی تُو منزل تھا، مَیں اس کارواں کی گرد ہوں
رنگ تصویرِ کہن میں بھر کے دکھلا دے مجھے
قصّہ، ایّامِ سلف کا کہہ کے تڑپا دے مجھے

مَیں ترا تحفہ سوئے ہندوستاں لے جاؤں گا
خود یہاں روتا ہوں، اوروں کو وہاں رلواؤں گا

غزلیات

★

زندگی انساں کی اک دم کے سوا کچھ بھی نہیں
دم ہَوا کی موج ہے، رم کے سوا کچھ بھی نہیں

گل، تبسم کہہ رہا تھا زندگانی کو مگر
شمع بولی، گریۂ غم کے سوا کچھ بھی نہیں

رازِ ہستی راز ہے جب تک کوئی محرُم نہ ہو
کھل گیا جس دم تو محرُم کے سوا کچھ بھی نہیں

زائرانِ کعبہ سے اقبؔال یہ پوچھے کوئی
کیا حرم کا تحفہ زمزم کے سوا کچھ بھی نہیں!

★

الٰہی عقلِ خجستہ پے کو ذرا سی دیوانگی سِکھا دے
اسے ہے سودائے بخیہ کاری، مجھے سرِ پیرہن نہیں ہے

مِلا محبّت کا سوز مجھ کو تو بولے صبحِ ازل فرشتے
مثالِ شمعِ مزار ہے تُو، تری کوئی انجمن نہیں ہے

یہاں کہاں ہم نفَس میسر، یہ دیس نا آشنا ہے اے دل!
وہ چیز تُو مانگتا ہے مجھ سے کہ زیرِ چرخِ کہن نہیں ہے

نرالا سارے جہاں سے اس کو عرب کے معمار نے بنایا
بِنا ہمارے حصارِ مِلّت کی اتحادِ وطن نہیں ہے

کہاں کا آنا، کہاں کا جانا، فریب ہے امتیازِ عقبیٰ
نمود ہر شے میں ہے ہماری، کہیں ہمارا وطن نہیں ہے

''مدیرِ مخزن'' سے کوئی اقبالؔ جا کے میرا پیام کہہ دے
جو کام کچھ کر رہی ہیں قومیں، انھیں مذاقِ سخن نہیں ہے

★

زمانہ دیکھے گا جب مرے دل سے محشر اٹھے گا گفتگو کا
مری خموشی نہیں ہے، گویا مزار ہے حرفِ آرزو کا

جو موجِ دَریا لگی یہ کہنے، سفر سے قائم ہے شان میری
گہر یہ بولا صدف نشینی ہے مجھ کو سامان آبرو کا

نہ ہو طبیعت ہی جن کی قابل، وہ تربیت سے نہیں سنورتے
ہوا نہ سرسبز رہ کے پانی میں عکس سروِ کنارِ جُو کا

کوئی دل ایسا نظر نہ آیا نہ جس میں خوابیدہ ہو تمنّا
الٰہی تیرا جہان کیا ہے نگار خانہ ہے آرزو کا

کھلا یہ مر کر کہ زندگی اپنی تھی طلسمِ ہوس سراپا
جسے سمجھتے تھے جسمِ خاکی، غبار تھا کوئے آرزو کا

اگر کوئی شے نہیں ہے پنہاں تو کیوں سراپا تلاش ہُوں مَیں
نگہ کو نظّارے کی تمنّا ہے، دل کو سودا ہے جستجو کا

چمن میں گلچیں سے غنچہ کہتا تھا، اتنا بیدرد کیوں ہے انساں
تری نگاہوں میں ہے تبسم شکستہ ہونا مرے سبُو کا

ریاضِ ہستی کے ذرّے ذرّے سے ہے محبّت کا جلوہ پیدا
حقیقتِ گل کو تُو جو سمجھے تو یہ بھی پیماں ہے رنگ و بو کا

تمام مضموں مرے پرانے، کلام میرا خطا سراپا
ہنر کوئی دیکھتا ہے مجھ میں تو عیب ہے میرے عیب جُو کا

سپاسِ شرطِ ادب ہے ورنہ کرم ترا ہے ستم سے بڑھ کر
ذرا سا اک دل دیا ہے، وہ بھی فریب خوردہ ہے آرزو کا

کمالِ وحدت عیاں ہے ایسا کہ نوکِ نشتر سے تُو جو چھیڑے
یقیں ہے مجھ کو گرے رگِ گل سے قطرہ انسان کے لہو کا

گیا ہے تقلید کا زمانہ، مجاز رختِ سفر اٹھائے
ہوئی حقیقت ہی جب نمایاں تو کس کو یارا ہے گفتگو کا

جو گھر سے اقبالؔ دُور ہُوں مَیں، تو ہوں نہ محزوں عزیز میرے
مثالِ گوہر وطن کی فرقت کمال ہے میری آبرو کا

★

چمک تیری عیاں بجلی میں، آتش میں، شرارے میں
جھلک تیری ہویدا چاند میں، سورج میں، تارے میں

بلندی آسمانوں میں، زمینوں میں تری پستی
روانی بحر میں، افتادگی تیری کنارے میں

شریعت کیوں گریباں گیر ہو ذوقِ تکلم کی
چھپا جاتا ہُوں اپنے دل کا مطلب استعارے میں

جو ہے بیدار انساں میں وہ گہری نیند سوتا ہے
شجر میں، پھول میں، حیواں میں، پتھر میں، ستارے میں

مجھے پھونکا ہے سوزِ قطرۂ اشکِ محبّت نے
غضب کی آگ تھی پانی کے چھوٹے سے شرارے میں

نہیں جنسِ ثوابِ آخرت کی آرزو مجھ کو
وہ سوداگر ہُوں، مَیں نے نفع دیکھا ہے خسارے میں

سکوں نا آشنا رہنا اسے سامانِ ہستی ہے
تڑپ کس دل کی یا رب چھپ کے آ بیٹھی ہے پارے میں

صدائے لن ترانی سن کے اے اقبالؔ مَیں چپ ہُوں
تقاضوں کی کہاں طاقت ہے مجھ فرقت کے مارے میں

★

یوں تو اے بزمِ جہاں! دلکش تھے ہنگامے ترے
اک ذرا افسردگی تیرے تماشاؤں میں تھی

پا گئی آسودگی کوئے محبّت میں وہ خاک
مدتوں آوارہ جو حکمت کے صحراؤں میں تھی

کس قدر اے مے! تجھے رسمِ حجاب آئی پسند
پردۂ انگور سے نکلی تو میناؤں میں تھی

حسن کی تاثیر پر غالب نہ آ سکتا تھا عِلم
اتنی نادانی جہاں کے سارے داناؤں میں تھی

مَیں نے اے اقبالؔ یورپ میں اسے ڈھونڈا عبث
بات جو ہندوستاں کے ماہ سیماؤں میں تھی

★

مثالِ پرتوِ مے، طوفِ جام کرتے ہیں
یہی نماز ادا صبح و شام کرتے ہیں

خصوصیّت نہیں کچھ اس میں اے کلیم تری
شجر، حجر بھی خدا سے کلام کرتے ہیں

نیا جہاں کوئی اے شمع ڈھونڈیے کہ یہاں
ستم کشِ تپشِ ناتمام کرتے ہیں

بھلی ہے ہم نفسو اس چمن میں خاموشی
کہ خوشنواؤں کو پابندِ دام کرتے ہیں

غرض نشاط ہے شغلِ شراب سے جن کی
حلال چیز کو گویا حرام کرتے ہیں

بھلا نبھے گی تری ہم سے کیونکر اے واعظ!
کہ ہم تو رسمِ محبّت کو عام کرتے ہیں

الٰہی سحر ہے پیرانِ خرقہ پوش میں کیا!
کہ اک نظر سے جوانوں کو رام کرتے ہیں

مَیں ان کی محفلِ عشرت سے کانپ جاتا ہُوں
جو گھر کو پھونک کے دنیا میں نام کرتے ہیں

ہرے رہو وطنِ مازنی کے میدانو!
جہاز پر سے تمھیں ہم سلام کرتے ہیں

جو بے نماز کبھی پڑھتے ہیں نماز اقبالؔ
بُلا کے دیر سے مجھ کو امام کرتے ہیں

مارچ ۱۹۰۷

زمانہ آیا ہے بے حجابی کا، عام دیدارِ یار ہو گا
سکوت تھا پردہ دار جس کا، وہ راز اب آشکار ہو گا

گزر گیا اب وہ دَور ساقی کہ چھپ کے پیتے تھے پینے والے
بنے گا سارا جہان مے خانہ، ہر کوئی بادہ خوار ہو گا

کبھی جو آوارۂ جنوں تھے، وہ بستیوں میں پھر آ بسیں گے
برہنہ پائی وہی رہے گی مگر نیا خارزار ہو گا

سنا دیا گوشِ منتظر کو حجاز کی خامشی نے آخر
جو عہد صحرائیوں سے باندھا گیا تھا، پھر استوار ہو گا

نکل کے صحرا سے جس نے روما کی سلطنت کو الٹ دیا تھا
سنا ہے یہ قدسیوں سے مَیں نے، وہ شیر پھر ہوشیار ہو گا

کیا مرا تذکرہ جو ساقی نے بادہ خواروں کی انجمن میں
تو پیرِ مے خانہ سن کے کہنے لگا کہ منہ پھٹ ہے، خوار ہو گا

دیارِ مغرب کے رہنے والو! خدا کی بستی دکاں نہیں ہے
کھرا جسے تم سمجھ رہے ہو، وہ اب زرِ کم عیار ہو گا

تمھاری تہذیب اپنے خنجر سے آپ ہی خود کشی کرے گی

جو شاخِ نازک پہ آشیانہ بنے گا، ناپائدار ہو گا

سفینۂ برگِ گُل بنا لے گا قافلہ مورِ ناتواں کا
ہزار موجوں کی ہو کشاکش مگر یہ دریا سے پار ہو گا

چمن میں لالہ دکھاتا پھرتا ہے داغ اپنا کلی کلی کو
یہ جانتا ہے کہ اس دکھاوے سے دل جلوں میں شمار ہو گا

کہا جو قمری سے مَیں نے اک دن، یہاں کے آزاد پا بہ گِل ہیں
تو غنچے کہنے لگے، ہمارے چمن کا یہ رازدار ہو گا

خدا کے عاشق تو ہیں ہزاروں، بنوں میں پھرتے ہیں مارے مارے
مَیں اس کا بندہ بنوں گا جس کو خدا کے بندوں سے پیار ہو گا

یہ رسمِ بزمِ فنا ہے اے دل! گناہ ہے جنبشِ نظر بھی
رہے گی کیا آبرو ہماری جو تو یہاں بے قرار ہو گا

مَیں ظلمتِ شب میں لے کے نکلوں گا اپنے درماندہ کارواں کو
شرر فشاں ہو گی آہ میری، نفَس مرا شعلہ بار ہو گا

نہیں ہے غیر از نمود کچھ بھی جو مدّعا تیری زندگی کا
تو اک نفَس میں جہاں سے مِٹنا تجھے مثالِ شرار ہو گا

نہ پوچھ اقبالؔ کا ٹھکانا ابھی وہی کیفیت ہے اس کی
کہیں سرِ رہ گزار بیٹھا ستم کشِ انتظار ہو گا

حصہ سوم

۱۹۰۸ سے ۔۔۔

بلادِ اسلامیہ

سرزمیں دلّی کی مسجودِ دلِ غم دیدہ ہے
ذرّے ذرّے میں لہو اسلاف کا خوابیدہ ہے
پاک اس اجڑے گلستاں کی نہ ہو کیونکر زمیں
خانقاہِ عظمتِ اسلام ہے یہ سرزمیں
سوتے ہیں اس خاک میں خیر الامم کے تاجدار
نظمِ عالم کا رہا جن کی حکومت پر مدار

دل کو تڑپاتی ہے اب تک گرمیِ محفل کی یاد
جل چکا حاصل مگر محفوظ ہے حاصل کی یاد

ہے زیارت گاہِ مسلم گو جہان آباد بھی
اس کرامت کا مگر حق دار ہے بغداد بھی
یہ چمن وہ ہے کہ تھا جس کے لیے سامانِ ناز
لالۂ صحرا جسے کہتے ہیں تہذیبِ حجاز
خاک اس بستی کی ہو کیونکر نہ ہمدوشِ ارم
جس نے دیکھے جانشینانِ پیمبر کے قدم

جس کے غنچے تھے چمن ساماں، وہ گلشن ہے یہی
کاپنتا تھا جن سے روما، ان کا مدفن ہے یہی

ہے زمینِ قرطبہ بھی دیدۂ مسلم کا نور
ظلمتِ مغرب میں جو روشن تھی مثلِ شمعِ طُور
بجھ کے بزمِ ملّتِ بیضا پریشاں کر گئی
اور دِیا تہذیبِ حاضر کا فَروزاں کر گئی

قبر اس تہذیب کی یہ سر زمینِ پاک ہے

جس سے تاکِ گلشنِ یورپ کی رگ نم ناک ہے

خطۂ قسطنطنیّہ یعنی قیصر کا دیار
مہدیِ اُمّت کی سطوت کا نشانِ پائدار
صورتِ خاکِ حرم یہ سر زمیں بھی پاک ہے
آستانِ مسندِ آرائے شہِ لولاک ہے
نکہتِ گُل کی طرح پاکیزہ ہے اس کی ہَوا
تربتِ ایّوبِ انصاریؓ سے آتی ہے صدا

اے مسلماں! ملّتِ اسلام کا دل ہے یہ شہر
سینکڑوں صدیوں کی کشت و خوں کا حاصل ہے یہ شہر

وہ زمیں ہے تو مگر اے خواب گاہِ مصطفیٰؐ
دید ہے کعبے کو تیری حجِ اکبر سے سوا
خاتمِ ہستی میں تُو تاباں ہے مانندِ نگیں
اپنی عظمت کی ولادت گاہ تھی تیری زمیں
تجھ میں راحت اس شہنشاہِ معظّم کو ملی
جس کے دامن میں اماں اقوامِ عالم کو ملی
نام لیوا جس کے شاہنشاہ عالم کے ہوئے
جانشیں قیصر کے، وارث مسندِ جم کے ہوئے
ہے اگر قومیتِ اسلام پابندِ مقام
ہند ہی بنیاد ہے اس کی، نہ فارس ہے، نہ شام
آہ یثرب! دیس ہے مسلم کا تُو، ماویٰ ہے تُو
نقطۂ جاذب، تاثّر کی شعاعوں کا ہے تُو

جب تلک باقی ہے تُو دنیا میں، باقی ہم بھی ہیں
صبح ہے تُو اس چمن میں گوہرِ شبنم بھی ہیں

ستارہ

قمر کا خوف کہ ہے خطرۂ سحر تجھ کو
مآلِ حسن کی کیا مل گئی خبر تجھ کو؟
متاعِ نور کے لٹ جانے کا ہے ڈر تجھ کو
ہے کیا ہراسِ فنا صورتِ شرر تجھ کو؟
زمیں سے دُور دیا آسماں نے گھر تجھ کو
مثالِ ماہ اُڑھائی قبائے زر تجھ کو

غضب ہے پھر تری ننھی سی جان ڈرتی ہے!
تمام رات تری کانپتے گزرتی ہے

چمکنے والے مسافر! عجب یہ بستی ہے
جو اوج ایک کا ہے، دوسرے کی پستی ہے
اجل ہے لاکھوں ستاروں کی اک ولادتِ مہر
فنا کی نیند مئے زندگی کی مستی ہے
وداعِ غنچہ میں ہے رازِ آفرینشِ گل
عدم، عدم ہے کہ آئینہ دارِ ہستی ہے!

سکوں محال ہے قدرت کے کارخانے میں
ثبات ایک تغیر کو ہے زمانے میں

دو ستارے

آئے جو قِراں میں دو ستارے
کہنے لگا ایک، دوسرے سے
یہ وصل مدام ہو تو کیا خوب
انجامِ خرام ہو تو کیا خوب
تھوڑا سا جو مہرباں فلک ہو
ہم دونوں کی ایک ہی چمک ہو
لیکن یہ وِصال کی تمنّا
پیغامِ فراق تھی سراپا
گردش تاروں کا ہے مقدر
ہر ایک کی راہ ہے مقرر
ہے خواب ثباتِ آشنائی
آئین جہاں کا ہے جدائی

گورستان شاہی

آسماں، بادل کا پہنے خرقۂ دیرینہ ہے
کچھ مکدر سا جبینِ ماہ کا آئینہ ہے
چاندنی پھیکی ہے اس نظّارۂ خاموش میں
صبحِ صادق سو رہی ہے رات کی آغوش میں
کس قدر اشجار کی حیرت فزا ہے خامشی
بربطِ قدرت کی دھیمی سی نوا ہے خامشی
باطنِ ہر ذرّۂ عالم، سراپا درد ہے
اور خاموشی لبِ ہستی پہ آہِ سرد ہے

آہ! جولاں گاہِ عالم گیر یعنی وہ حصار
دوش پر اپنے اٹھائے سینکڑوں صدیوں کا بار
زندگی سے تھا کبھی معمور، اب سنسان ہے
یہ خموشی اس کے ہنگاموں کا گورستاں ہے
اپنے سکّانِ کہن کی خاک کا دلدادہ ہے
کوہ کے سر پر مثالِ پاسباں استادہ ہے

ابر کے روزن سے وہ بالائے بامِ آسماں
ناظرِ عالم ہے نجمِ سبز فامِ آسماں
خاک بازی وسعتِ دنیا کا ہے منظر اسے
داستاں ناکامیِ انساں کی ہے ازبر اسے
ہے ازل سے یہ مسافر سوئے منزل جا رہا

آسماں سے انقلابوں کا تماشا دیکھتا
گو سکوں ممکن نہیں عالم میں اختر کے لیے
فاتحہ خوانی کو یہ ٹھیرا ہے دم بھر کے لیے
رنگ و آبِ زندگی سے گل بدامن ہے زمیں
سینکڑوں خوں گشتہ تہذیبوں کا مدفن ہے زمیں

خواب گہ شاہوں کی ہے یہ منزلِ حسرت فزا
دیدۂ عبرت! خراجِ اشکِ گلگوں کر ادا
ہے تو گورستاں مگر یہ خاک گردُوں پایہ ہے
آہ! اک برگشتہ قسمت قوم کا سرمایہ ہے
مقبروں کی شان حیرت آفریں ہے اس قدر
جنبشِ مژگاں سے ہے چشمِ تماشا کو حذر
کیفیت ایسی ہے ناکامی کی اُس تصویر میں
جو اتر سکتی نہیں آئینۂ تحریر میں

سوتے ہیں خاموش، آبادی کے ہنگاموں سے دُور
مضطرب رکھتی تھی جن کو آرزوئے ناصبور
قبر کی ظلمت میں ہے ان آفتابوں کی چمک
جن کے دروازوں پہ رہتا تھا جبیں گستر فلک
کیا یہی ہے ان شہنشاہوں کی عظمت کا مآل
جن کی تدبیرِ جہاں بانی سے ڈرتا تھا زوال
رعبِ فغفوری ہو دنیا میں کہ شانِ قیصری
ٹل نہیں سکتی غنیم موت کی یورش کبھی
بادشاہوں کی بھی کشتِ عمر کا حاصل ہے گور
جادۂ عظمت کی گویا آخری منزل ہے گور

شورشِ بزمِ طرب کیا، عود کی تقریر کیا!
دردمندانِ جہاں کا نالۂ شب گیر کیا!

عرصۂ پیکار میں ہنگامۂ شمشیر کیا!
خون کو گرمانے والا نعرۂ تکبیر کیا!
اب کوئی آواز سوتوں کو جگا سکتی نہیں
سینۂ ویراں میں جانِ رفتہ آ سکتی نہیں

روح، مُشتِ خاک میں زحمت کشِ بیداد ہے
کوچہ گردِ نے ہوا جس دم نفَس، فریاد ہے
زندگی انساں کی ہے مانندِ مرغِ خوش نوا
شاخ پر بیٹھا، کوئی دم چہچہایا، اڑ گیا
آہ! کیا آئے ریاضِ دہر میں ہم، کیا گئے!
زندگی کی شاخ سے پھوٹے، کھلے، مرجھا گئے
موت ہر شاہ و گدا کے خواب کی تعبیر ہے
اس ستم گر کا ستم انصاف کی تصویر ہے

سلسلہ ہستی کا ہے اک بحرِ نا پیدا کنار
اور اس دریائے بے پایاں کی موجیں ہیں مزار
اے ہوس! خوں رو کہ ہے یہ زندگی بے اعتبار
یہ شرارے کا تبسم، یہ خسِ آتش سوار
چاند، جو صورت گرِ ہستی کا اک اعجاز ہے
پہنے سیمابی قبا محوِ خرامِ ناز ہے
چرخِ بے انجم کی دہشت ناک وسعت میں مگر
بے کسی اس کی کوئی دیکھے ذرا وقتِ سحر
اک ذرا سا ابر کا ٹکڑا ہے، جو مہتاب تھا
آخری آنسو ٹپک جانے میں ہو جس کی فنا

زندگی اقوام کی بھی ہے یونہی بے اعتبار
رنگ ہائے رفتہ کی تصویر ہے ان کی بہار
اس زیاں خانے میں کوئی ملّتِ گردوں وقار

رہ نہیں سکتی ابد تک بارِ دوشِ روزگار
اس قدر قوموں کی بربادی سے ہے خوگر جہاں
دیکھتا بے اعتنائی سے ہے یہ منظر جہاں
ایک صورت پر نہیں رہتا کسی شے کو قرار
ذوقِ جدت سے ہے ترکیبِ مزاجِ روزگار
ہے نگینِ دہر کی زینت ہمیشہ نامِ نو
مادرِ گیتی رہی آبستنِ اقوامِ نو

ہے ہزاروں قافلوں سے آشنا یہ رہ گزر
چشمِ کوہِ نور نے دیکھے ہیں کتنے تاجور
مِصر و بابل مٹ گئے باقی نشاں تک بھی نہیں
دفترِ ہستی میں ان کی داستاں تک بھی نہیں
آ دبایا مہرِ ایراں کو اجل کی شام نے
عظمتِ یونان و روما لوٹ لی ایّام نے
آہ! مسلم بھی زمانے سے یونہی رخصت ہوا
آسماں سے ابرِ آذاری اٹھا، برسا، گیا

ہے رگِ گل صبح کے اشکوں سے موتی کی لڑی
کوئی سورج کی کرن شبنم میں ہے الجھی ہوئی
سینۂ دریا شعاعوں کے لیے گہوارہ ہے
کس قدر پیارا لبِ جُو مہر کا نظّارہ ہے
محوِ زینت ہے صنوبر، جوئبار آئینہ ہے
غنچۂ گل کے لیے بادِ بہار آئینہ ہے
نعرہ زن رہتی ہے کوئل باغ کے کاشانہ میں
چشمِ انساں سے نہاں، پتوں کے عزلت خانہ میں
اورَ بلبل، مطربِ رنگیں نوائے گلستاں
جس کے دم سے زندہ ہے گویا ہوائے گلستاں
عشق کے ہنگاموں کی اڑتی ہوئی تصویر ہے

خامۂ قدرت کی کیسی شوخ یہ تحریر ہے
باغ میں خاموش جلسے گلستاں زادوں کے ہیں
وادیِ کہسار میں نعرے شباں زادوں کے ہیں
زندگی سے یہ پرانا خاک داں معمور ہے
موت میں بھی زندگانی کی تڑپ مستور ہے
پتّیاں پھولوں کی گرتی ہیں خزاں میں اس طرح
دستِ طفلِ خفتہ سے رنگیں کھلونے جس طرح
اس نشاط آباد میں گو عیش بے اندازہ ہے
ایک غم، یعنی غمِ ملّت ہمیشہ تازہ ہے

دل ہمارے یادِ عہدِ رفتہ سے خالی نہیں
اپنے شاہوں کو یہ اُمّت بھولنے والی نہیں
اشک باری کے بہانے ہیں یہ اجڑے بام و در
گریۂ پیہم سے بینا ہے ہماری چشمِ تر
دہر کو دیتے ہیں موتی دیدۂ گریاں کے ہم
آخری بادل ہیں اک گزرے ہوئے طوفاں کے ہم
ہیں ابھی صد ہا گہر اس ابر کی آغوش میں
برق ابھی باقی ہے اس کے سینۂ خاموش میں
وادیِ گل، خاکِ صحرا کو بنا سکتا ہے یہ
خواب سے امیّدِ دہقاں کو جگا سکتا ہے یہ
ہو چکا گو قوم کی شانِ جلالی کا ظہور
ہے مگر باقی ابھی شانِ جمالی کا ظہور

نمودِ صبح

ہو رہی ہے زیرِ دامانِ افق سے آشکار
صبح یعنی دخترِ دوشیزۂ لیل و نہار
پا چکا فرصت درودِ فصلِ انجم سے سپہر
کشتِ خاور میں ہوا ہے آفتاب آئینہ کار
آسماں نے آمدِ خورشید کی پا کر خبر
محملِ پروازِ شب باندھا سرِ دوشِ غبار
شعلۂ خورشید گویا حاصل اس کھیتی کا ہے
بوئے تھے دہقانِ گردُوں نے جو تاروں کے شرار
ہے رواں نجمِ سحر، جیسے عبادت خانے سے
سب سے پیچھے جائے کوئی عابدِ شب زندہ دار
کیا سماں ہے جس طرح آہستہ آہستہ کوئی
کھینچتا ہو میان کی ظلمت سے تیغِ آب دار
مطلعِ خورشید میں مضمر ہے یوں مضمونِ صبح
جیسے خلوت گاہِ مینا میں شرابِ خوش گوار
ہے تہِ دامانِ بادِ اختلاط انگیز صبح
شورشِ ناقوس، آوازِ اذاں سے ہمکنار
جاگے کوئل کی اذاں سے طائرانِ نغمہ سنج
ہے ترنم ریز قانونِ سحر کا تار تار

تضمین بر شعرِ انیسی شاملو

ہمیشہ صورتِ بادِ سحر آوارہ رہتا ہُوں
محبّت میں ہے منزل سے بھی خوشتر جادہ پیمائی
دلِ بے تاب جا پہنچا دیارِ پیرِ سنجرؒ میں
میسر ہے جہاں درمانِ دردِ نا شکیبائی
ابھی نا آشنائے لب تھا حرفِ آرزو میرا
زباں ہونے کو تھی منّت پذیرِ تابِ گویائی
یہ مرقد سے صدا آئی، حرم کے رہنے والوں کو
شکایت تجھ سے ہے اے تارکِ آئینِ آبائی!
ترا اے قیس کیونکر ہو گیا سوزِ دروں ٹھنڈا
کہ لیلیٰ میں تو ہیں اب تک وہی اندازِ لیلائی
نہ تخمِ ''لا الٰہ'' تیری زمینِ شور سے پھوٹا
زمانے بھر میں رسوا ہے تری فطرت کی نازائی
تجھے معلوم ہے غافل کہ تیری زندگی کیا ہے
کنشتی ساز، معمورِ نوا ہائے کلیسائی
ہوئی ہے تربیت آغوشِ بیت اللہ میں تیری
دلِ شوریدہ ہے لیکن صنم خانے کا سودائی

''وفا آموختی از ما، بکارِ دیگراں کر دی
ربودی گوہرے از ما نثارِ دیگراں کر دی''

فلسفۂ غم

(میاں فضل حُسین صاحب بیرسٹر ایٹ لا، لاہور کے نام)

گو سراپا کیفِ عشرت ہے شرابِ زندگی
اشک بھی رکھتا ہے دامن میں سحابِ زندگی
موجِ غم پر رقص کرتا ہے حبابِ زندگی
ہے 'الم' کا سُورہ بھی جزوِ کتابِ زندگی

ایک بھی پتّی اگر کم ہو تو وہ گُل ہی نہیں
جو خزاں نادیدہ ہو بلبل، وہ بلبل ہی نہیں

آرزو کے خون سے رنگیں ہے دل کی داستاں
نغمۂ انسانیت کامل نہیں غیر از فغاں
دیدۂ بینا میں داغِ غم چراغِ سینہ ہے
روح کو سامانِ زینت آہ کا آئینہ ہے
حادثاتِ غم سے ہے انساں کی فطرت کو کمال
غازہ ہے آئینۂ دل کے لیے گردِ ملال
غم جوانی کو جگا دیتا ہے لطفِ خواب سے
ساز یہ بیدار ہوتا ہے اسی مضراب سے
طائرِ دل کے لیے غم شہپرِ پرواز ہے
راز ہے انساں کا دل، غم انکشافِ راز ہے

غم نہیں غم، روح کا اک نغمۂ خاموش ہے
جو سرودِ بربطِ ہستی سے ہم آغوش ہے

شام جس کی آشنائے نالۂ 'یارب' نہیں
جلوہ پیرا جس کی شب میں اشک کے کوکب نہیں

جس کا جامِ دل شکستِ غم سے ہے ناآشنا
جو سدا مستِ شرابِ عیش و عشرت ہی رہا
ہاتھ جس گلچیں کا ہے محفوظ نوکِ خار سے
عشق جس کا بے خبر ہے ہجر کے آزار سے
کُلفتِ غم گرچہ اُس کے روز و شب سے دُور ہے
زندگی کا راز اُس کی آنکھ سے مستور ہے

اے کہ نظمِ دہر کا ادراک ہے حاصل تجھے
کیوں نہ آساں ہو غم و اندوہ کی منزل تجھے

ہے ابد کے نسخۂ دیرینہ کی تمہید عشق
عقلِ انسانی ہے فانی، زندۂ جاوید عشق
عشق کے خورشید سے شامِ اجل شرمندہ ہے
عشق سوزِ زندگی ہے، تا ابد پایندہ ہے
رخصتِ محبوب کا مقصد فنا ہوتا اگر
جوشِ الفت بھی دلِ عاشق سے کر جاتا سفر
عشق کچھ محبوب کے مرنے سے مر جاتا نہیں
روح میں غم بن کے رہتا ہے، مگر جاتا نہیں

ہے بقائے عشق سے پیدا بقا محبوب کی
زندگانی ہے عدم ناآشنا محبوب کی

آتی ہے ندّی جبینِ کوہ سے گاتی ہوئی
آسماں کے طائروں کو نغمہ سکھلاتی ہوئی
آئنہ روشن ہے اُس کا صورتِ رخسارِ حُور
گِر کے وادی کی چٹانوں پر یہ ہو جاتا ہے چُور
نہر جو تھی، اُس کے گوہر پیارے پیارے بن گئے
یعنی اس افتاد سے پانی کے تارے بن گئے

جوئے سیمابِ رواں پھٹ کر پریشاں ہو گئی
مضطرب بوندوں کی اک دنیا نمایاں ہو گئی
ہجر، ان قطروں کو لیکن وصل کی تعلیم ہے
دو قدم پر پھر وہی جُو مثلِ تارِ سیم ہے
ایک اصلیت میں ہے نہرِ روانِ زندگی
گِر کے رفعت سے ہجومِ نوعِ انساں بن گئی

پستیِ عالم میں ملنے کو جدا ہوتے ہیں ہم
عارضی فرقت کو دائم جان کر روتے ہیں ہم

مرنے والے مرتے ہیں لیکن فنا ہوتے نہیں
یہ حقیقت میں کبھی ہم سے جدا ہوتے نہیں
عقل جس دم دہر کی آفات میں محصور ہو
یا جوانی کی اندھیری رات میں مستور ہو
دامنِ دل بن گیا ہو رزم گاہِ خیر و شر
راہ کی ظلمت سے ہو مشکل سوئے منزل سفر
خضرِ ہمّت ہو گیا ہو آرزو سے گوشہ گیر
فکرَ جب عاجز ہو اور خاموش آوازِ ضمیر
وادیِ ہستی میں کوئی ہم سفر تک بھی نہ ہو
جادہ دکھلانے کو جگنو کا شرر تک بھی نہ ہو

مرنے والوں کی جبیں روشن ہے اس ظلمات میں
جس طرح تارے چمکتے ہیں اندھیری رات میں

پھول کا تحفہ عطا ہونے پر

وہ مستِ ناز جو گلشن میں جا نکلتی ہے
کلی کلی کی زباں سے دعا نکلتی ہے
"الٰہی! پھولوں میں وہ انتخاب مجھ کو کرے
کلی سے رشکِ گلِ آفتاب مجھ کو کرے"
تجھے وہ شاخ سے توڑیں! زہے نصیب ترے
تڑپتے رہ گئے گلزار میں رقیب ترے
اٹھا کے صدمۂ فرقت وِصال تک پہنچا
تری حیات کا جوہر، کمال تک پہنچا
مرا کنول کہ تصدّق ہیں جس پہ اہلِ نظر
مرے شباب کے گلشن کو ناز ہے جس پر
کبھی یہ پھول ہم آغوشِ مدّعا نہ ہوا
کسی کے دامنِ رنگیں سے آشنا نہ ہوا
شگفتہ کر نہ سکے گی کبھی بہار اسے
فسردہ رکھتا ہے گلچیں کا انتظار اسے

ترانۂ ملی

چین و عرب ہمارا، ہندوستاں ہمارا
مسلم ہیں ہم، وطن ہے سارا جہاں ہمارا
توحید کی امانت سینوں میں ہے ہمارے
آساں نہیں مٹانا نام و نشاں ہمارا
دنیا کے بت کدوں میں پہلا وہ گھر خدا کا
ہم اس کے پاسباں ہیں، وہ پاسباں ہمارا
تیغوں کے سائے میں ہم پل کر جواں ہوئے ہیں
خنجر ہلال کا ہے قومی نشاں ہمارا
مغرب کی وادیوں میں گونجی اذاں ہماری
تھمتا نہ تھا کسی سے سیلِ رواں ہمارا
باطل سے دبنے والے اے آسماں نہیں ہم
سو بار کر چکا ہے تُو امتحاں ہمارا
اے گلستانِ اندلس! وہ دن ہیں یاد تجھ کو
تھا تیری ڈالیوں پر جب آشیاں ہمارا
اے موجِ دجلہ! تُو بھی پہچانتی ہے ہم کو
اب تک ہے تیرا دریا افسانہ خواں ہمارا
اے ارضِ پاک! تیری حرمت پہ کٹ مرے ہم
ہے خوں تری رگوں میں اب تک رواں ہمارا
سالارِ کارواں ہے میرِ حجاز اپنا
اس نام سے ہے باقی آرامِ جاں ہمارا
اقبالؔ کا ترانہ بانگِ درا ہے گویا
ہوتا ہے جادہ پیما پھر کارواں ہمارا

وطنیت

(یعنی وطن بحیثیت ایک سیاسی تصوّر کے)

اس دَور میں مے اور ہے، جام اور ہے جم اور
ساقی نے بنا کی روشِ لطف و ستم اور
مسلم نے بھی تعمیر کیا اپنا حرم اور
تہذیب کے آذر نے ترشوائے صنم اور
ان تازہ خداؤں میں بڑا سب سے وطن ہے
جو پیرہن اس کا ہے، وہ مذہب کا کفن ہے

یہ بت کہ تراشیدۂ تہذیب نوی ہے
غارت گرِ کاشانۂ دینِ نبوی ہے
بازو ترا توحید کی قوت سے قوی ہے
اسلام ترا دیس ہے، تُو مصطفوی ہے
نظّارۂ دیرینہ زمانے کو دکھا دے
اے مصطفوی خاک میں اس بت کو مِلا دے!

ہو قیدِ مقامی تو نتیجہ ہے تباہی
رہ بحر میں آزادِ وطن صورتِ ماہی
ہے ترکِ وطن سنتِ محبوبِ الٰہی
دے تُو بھی نبوّت کی صداقت پہ گواہی
گفتارِ سیاست میں وطن اور ہی کچھ ہے

ارشادِ نبوّت میں وطن اور ہی کچھ ہے

اقوامِ جہاں میں ہے رقابت تو اسی سے
تسخیر ہے مقصودِ تجارت تو اسی سے
خالی ہے صداقت سے سیاست تو اسی سے
کمزور کا گھر ہوتا ہے غارت تو اسی سے
اقوام میں مخلوقِ خُدا بٹتی ہے اس سے
قومیتِ اسلام کی جڑ کٹتی ہے اس سے

قطعہ

کل ایک شوریدہ خواب گاہِ نبی پہ رو رو کے کہہ رہا تھا
کہ مِصر و ہندوستاں کے مسلم بِنائے ملّت مٹا رہے ہیں
یہ زائرانِ حریمِ مغرب ہزار رہبر بنیں ہمارے
ہمیں بھلا ان سے واسطہ کیا جو تجھ سے نا آشنا رہے ہیں
غضب ہیں یہ ''مرشدانِ خود بیں'' خدا تری قوم کو بچائے!
بگاڑ کر تیرے مسلموں کو یہ اپنی عزت بنا رہے ہیں
سنے گا اقبالؔ کون ان کو ، یہ انجمن ہی بدل گئی ہے
نئے زمانے میں آپ ہم کو پرانی باتیں سنا رہے ہیں!

ایک حاجی مدینے کے راستے میں

قافلہ لوٹا گیا صحرا میں اور منزل ہے دُور
اس بیاباں یعنی بحرِ خشک کا ساحل ہے دُور
ہم سفر میرے شکارِ دشنۂ رہزن ہوئے
بچ گئے جو، ہو کے بے دل سوئے بیت اللہ پھرے
اس بخاری نوجواں نے کس خوشی سے جان دی!
موت کے زہراب میں پائی ہے اس نے زندگی
خنجرِ رہزن اسے گویا ہلالِ عید تھا
"ہائے یثرب" دل میں، لب پر نعرۂ توحید تھا
خوف کہتا ہے کہ یثرب کی طرف تنہا نہ چل
شوق کہتا ہے کہ تُو مسلم ہے، بے باکانہ چل
بے زیارت سوئے بیت اللہ پھر جاؤں گا کیا
عاشقوں کو روزِ محشر منہ نہ دکھلاؤں گا کیا
خوفِ جاں رکھتا نہیں کچھ دشت پیمائے حجاز
ہجرتِ مدفونِ یثرب میں یہی مخفی ہے راز
گو سلامت محملِ شامی کی ہمراہی میں ہے
عشق کی لذّت مگر خطروں کی جاں کاہی میں ہے

آہ! یہ عقلِ زیاں اندیش کیا چالاک ہے
اور تاثّر آدمی کا کس قدر بے باک ہے

شکوہ

کیوں زیاں کار بنوں، سود فراموش رہوں
فکرِ فردا نہ کروں محوِ غمِ دوش رہوں
نالے بلبل کے سنوں اور ہمہ تن گوش رہوں
ہمنوا! مَیں بھی کوئی گل ہُوں کہ خاموش رہوں؟
جرأت آموز مری تابِ سخن ہے مجھ کو
شکوہ اللہ سے، خاکم بدہن، ہے مجھ کو

ہے بجا شیوۂ تسلیم میں مشہور ہیں ہم
قصّۂ درد سناتے ہیں کہ مجبور ہیں ہم
سازِ خاموش ہیں، فریاد سے معمور ہیں ہم
نالہ آتا ہے اگر لب پہ تو معذور ہیں ہم
اے خدا! شکوۂ اربابِ وفا بھی سن لے
خوگرِ حمد سے تھوڑا سا گلا بھی سن لے

تھی تو موجود ازل سے ہی تری ذاتِ قدیم
پھول تھا زیبِ چمن پر نہ پریشاں تھی شمیم
شرطِ انصاف ہے اے صاحبِ الطافِ عمیم
بوئے گل پھیلتی کس طرح جو ہوتی نہ نسیم
ہم کو جمعیّتِ خاطر یہ پریشانی تھی
ورنہ اُمّت ترے محبوب کی دیوانی تھی؟

ہم سے پہلے تھا عجب تیرے جہاں کا منظر
کہیں مسجود تھے پتھر، کہیں معبود شجر
خوگرِ پیکرِ محسوس تھی انساں کی نظر
مانتا پھر کوئی ان دیکھے خدا کو کیونکر
تجھ کو معلوم ہے، لیتا تھا کوئی نام ترا؟
قوتِ بازوئے مسلم نے کیا کام ترا

بس رہے تھے یہیں سلجوق بھی، تورانی بھی
اہلِ چیں چین میں، ایران میں ساسانی بھی
اسی معمورے میں آباد تھے یونانی بھی
اسی دنیا میں یہودی بھی تھے، نصرانی بھی
پر ترے نام پہ تلوار اٹھائی کس نے
بات جو بگڑی ہوئی تھی، وہ بنائی کس نے

تھے ہمیں ایک ترے معرکہ آراؤں میں
خشکیوں میں کبھی لڑتے، کبھی دریاؤں میں
دیں اذانیں کبھی یورپ کے کلیساؤں میں
کبھی افریقہ کے تپتے ہوئے صحراؤں میں
شان آنکھوں میں نہ جچتی تھی جہاں داروں کی
کلمہ جب پڑھتے تھے ہم چھاؤں میں تلواروں کی

ہم جو جیتے تھے تو جنگوں کے مصیبت کے لیے
اور مرتے تھے ترے نام کی عظمت کے لیے
تھی نہ کچھ تیغ زنی اپنی حکومت کے لیے
سر بکف پھرتے تھے کیا دہر میں دولت کے لیے؟
قوم اپنی جو زر و مالِ جہاں پر مرتی
بت فروشی کے عوض بت شکنی کیوں کرتی!

ٹل نہ سکتے تھے اگر جنگ میں اڑ جاتے تھے
پاؤں شیروں کے بھی میداں سے اکھڑ جاتے تھے
تجھ سے سرکش ہوا کوئی تو بگڑ جاتے تھے
تیغ کیا چیز ہے، ہم توپ سے لڑ جاتے تھے
نقش توحید کا ہر دل پہ بٹھایا ہم نے
زیرِ خنجر بھی یہ پیغام سنایا ہم نے

تُو ہی کہہ دے کہ اکھاڑا درِ خیبر کس نے
شہر قیصر کا جو تھا، اس کو کیا سر کس نے
توڑے مخلوق خداوندوں کے پیکر کس نے
کاٹ کر رکھ دیئے کفار کے لشکر کس نے
کس نے ٹھنڈا کیا آتش کدۂ ایراں کو؟
کس نے پھر زندہ کیا تذکرۂ یزداں کو؟

کون سی قوم فقط تیری طلب گار ہوئی
اور تیرے لیے زحمت کشِ پیکار ہوئی
کس کی شمشیرِ جہاں گیر، جہاں دار ہوئی
کس کی تکبیر سے دنیا تری بیدار ہوئی
کس کی ہیبت سے صنم سہمے ہوئے رہتے تھے
منہ کے بل گر کے "ھُوَ اللّٰہ اَحَد" کہتے تھے

آ گیا عین لڑائی میں اگر وقتِ نماز
قبلہ رُو ہو کے زمیں بوس ہوئی قومِ حجاز
ایک ہی صف میں کھڑے ہو گئے محمود و ایاز
نہ کوئی بندہ رہا اور نہ کوئی بندہ نواز
بندہ و صاحب و محتاج و غنی ایک ہوئے
تیری سرکار میں پہنچے تو سبھی ایک ہوئے

محفلِ کون و مکاں میں سحر و شام پھرے
مئے توحید کو لے کر صفتِ جام پھرے
کوہ میں، دشت میں لے کر ترا پیغام پھرے
اور معلوم ہے تجھ کو، کبھی ناکام پھرے؟
دشت تو دشت ہیں، دریا بھی نہ چھوڑے ہم نے
بحرِ ظلمات میں دوڑا دیئے گھوڑے ہم نے

صفحۂ دہر سے باطل کو مٹایا ہم نے
نوعِ انساں کو غلامی سے چھڑایا ہم نے
تیرے کعبے کو جبینوں سے بسایا ہم نے
تیرے قرآن کو سینوں سے لگایا ہم نے
پھر بھی ہم سے یہ گلہ ہے کہ وفادار نہیں
ہم وفادار نہیں، تُو بھی تُو دلدار نہیں!

امتیں اور بھی ہیں، ان میں گنہ گار بھی ہیں
عجز والے بھی ہیں، مستِ مئے پندار بھی ہیں
ان میں کاہل بھی ہیں، غافل بھی ہیں، ہشیار بھی ہیں
سینکڑوں ہیں کہ ترے نام سے بیزار بھی ہیں
رحمتیں ہیں تری اغیار کے کاشانوں پر
برق گرتی ہے تو بیچارے مسلمانوں پر

بت صنم خانوں میں کہتے ہیں، مسلمان گئے
ہے خوشی ان کو کہ کعبے کے نگہبان گئے
منزلِ دہر سے اونٹوں کے حدیٰ خوان گئے
اپنی بغلوں میں دبائے ہوئے قرآن گئے
خندہ زن کفر ہے، احساس تجھے ہے کہ نہیں
اپنی توحید کا کچھ پاس تجھے ہے کہ نہیں

یہ شکایت نہیں، ہیں ان کے خزانے معمور
نہیں محفل میں جنھیں بات بھی کرنے کا شعُور
قہر تو یہ ہے کہ کافر کو ملیں حُور و قصور
اور بیچارے مسلماں کو فقط وعدۂ حُور
اب وہ الطاف نہیں، ہم پہ عنایات نہیں
بات یہ کیا ہے کہ پہلی سی مدارات نہیں

کیوں مسلمانوں میں ہے دولتِ دنیا نایاب
تیری قدرت تو ہے وہ جس کی نہ حد ہے نہ حساب
تُو جو چاہے تو اٹھے سینۂ صحرا سے حباب
رہروِ دشت ہو سیلی زدۂ موجِ سَراب
طعنِ اغیار ہے، رسوائی ہے، ناداری ہے
کیا ترے نام پہ مرنے کا عوض خواری ہے؟

بنی اغیار کی اب چاہنے والی دنیا
رہ گئی اپنے لیے ایک خیالی دنیا
ہم تو رخصت ہوئے، اوروں نے سنبھالی دنیا
پھر نہ کہنا ہوئی توحید سے خالی دنیا
ہم تو جیتے ہیں کہ دنیا میں ترا نام رہے
کہیں ممکن ہے کہ ساقی نہ رہے، جام رہے!

تیری محفل بھی گئی، چاہنے والے بھی گئے
شب کے آہیں بھی گئیں، صبح کے نالے بھی گئے
دل تجھے دے بھی گئے، اپنا صلا لے بھی گئے
آ کے بیٹھے بھی نہ تھے اور نکالے بھی گئے
آئے عُشّاق، گئے وعدۂ فردا لے کر
اب انھیں ڈھونڈ چراغِ رخِ زیبا لے کر

دردِ لیلیٰ بھی وہی، قیس کا پہلو بھی وہی
نجد کے دشت و جبل میں رمِ آہُو بھی وہی
عشق کا دل بھی وہی، حسن کا جادو بھی وہی
اُمّتِ احمدِؐ مرسل بھی وہی، تُو بھی وہی
پھر یہ آزردگیِ غیر سبب کیا معنی
اپنے شیداؤں پہ یہ چشمِ غضب کیا معنی

تجھ کو چھوڑا کہ رسولِؐ عرَبی کو چھوڑا؟
بت گری پیشہ کیا؟ بت شکنی کو چھوڑا؟
عشق کو، عشق کی آشفتہ سری کو چھوڑا؟
رسمِ سلمانؓ و اویسِ قرنیؓ کو چھوڑا؟
آگ تکبیر کی سینوں میں دبی رکھتے ہیں
زندگی مثلِ بلالِؓ حَبَشی رکھتے ہیں

عشق کی خیر وہ پہلی سی ادا بھی نہ سہی
جادہ پیمائیِ تسلیم و رضا بھی نہ سہی
مضطرب دل صفتِ قبلہ نما بھی نہ سہی
اور پابندیِ آئینِ وفا بھی نہ سہی
کبھی ہم سے، کبھی غیروں سے شناسائی ہے
بات کہنے کی نہیں، تُو بھی تو ہرجائی ہے!

سرِ فاراں پہ کیا دین کو کامل تو نے
اک اشارے میں ہزاروں کے لیے دل تُو نے
آتش اندوز کیا عشق کا حاصل تُو نے
پھونک دی گرمیِ رخسار سے محفل تُو نے
آج کیوں سینے ہمارے شرر آباد نہیں
ہم وہی سوختہ ساماں ہیں، تجھے یاد نہیں؟

وادیِ نجد میں وہ شورِ سلاسل نہ رہا
قیس دیوانۂ نظّارۂ محمل نہ رہا
حوصلے وہ نہ رہے، ہم نہ رہے، دل نہ رہا
گھر یہ اجڑا ہے کہ تُو رونقِ محفل نہ رہا
اے خوش آں روز کہ آئی و بصد ناز آئی
بے حجابانہ سوئے محفلِ ما باز آئی

بادہ کش غیر ہیں گلشن میں لبِ جُو بیٹھے
سنتے ہیں جام بکف نغمۂ کو کو بیٹھے
دُور ہنگامۂ گلزار سے یک سُو بیٹھے
تیرے دیوانے بھی ہیں منتظر "ھُو" بیٹھے
اپنے پروانوں کو پھر ذوقِ خود افروزی دے
برقِ دیرینہ کو فرمانِ جگر سوزی دے

قومِ آوارہ عناں تاب ہے پھر سوئے حجاز
لے اڑا بلبلِ بے پر کو مذاقِ پرواز
مضطرب باغ کے ہر غنچے میں ہے بوئے نیاز
تُو ذرا چھیڑ تو دے، تشنۂ مضراب ہے ساز
نغمے بے تاب ہیں تاروں سے نکلنے کے لیے
طُور مضطر ہے اسی آگ میں جلنے کے لیے

مشکلیں اُمّتِ مرحوم کی آساں کر دے
مورِ بے مایہ کو ہمدوشِ سلیماں کر دے
جنسِ نایابِ محبّت کو پھر ارزاں کر دے
ہند کے دَیر نشینوں کو مسلماں کر دے
جوئے خوں می چکد از حسرتِ دیرینۂ ما
می تپد نالہ بہ نشتر کدۂ سینۂ ما

بوئے گل لے گئی بیرونِ چمن رازِ چمن
کیا قیامت ہے کہ خود پھول ہیں غمازِ چمن!
عہدِ گل ختم ہوا ٹوٹ گیا سازِ چمن
اڑ گئے ڈالیوں سے زمزمہ پروازِ چمن
ایک بلبل ہے کہ ہے محوِ ترنم اب تک
اس کے سینے میں ہے نغموں کا تلاطم اب تک
قمریاں شاخِ صنوبر سے گریزاں بھی ہوئیں

پتّیاں پھول کی جھڑ جھڑ کے پریشاں بھی ہوئیں
وہ پرانی روشیں باغ کی ویراں بھی ہوئیں
ڈالیاں پیرہنِ برگ سے عریاں بھی ہوئیں
قیدِ موسم سے طبیعت رہی آزاد اس کی
کاش گلشن میں سمجھتا کوئی فریاد اس کی!

لطف مرنے میں ہے باقی، نہ مزا جینے میں
کچھ مزا ہے تو یہی خونِ جگر پینے میں
کتنے بے تاب ہیں جوہر مرے آئینے میں
کس قدر جلوے تڑپتے ہیں مرے سینے میں
اس گلستاں میں مگر دیکھنے والے ہی نہیں
داغ جو سینے میں رکھتے ہوں، وہ لالے ہی نہیں

چاک اس بلبلِ تنہا کی نوا سے دل ہوں
جاگنے والے اسی بانگِ درا سے دل ہوں
یعنی پھر زندہ نئے عہدِ وَفا سے دل ہوں
پھر اسی بادۂ دیرینہ کے پیاسے دل ہوں
عجمی خم ہے تو کیا، مے تو حجازی ہے مری
نغمہ ہندی ہے تو کیا، لے تو حجازی ہے مری!

رات اور شاعر

رات

کیوں میری چاندنی میں پھرتا ہے تُو پریشاں
خاموش صورتِ گل، مانندِ بو پریشاں

تاروں کے موتیوں کا شاید ہے جوہری تُو
مچھلی ہے کوئی میرے دریائے نور کی تُو

یا تو مری جبیں کا تارا گرا ہوا ہے
رفعت کو چھوڑ کر جو بستی میں جا بسا ہے

خاموش ہو گیا ہے تارِ ربابِ ہستی
ہے میرے آئنے میں تصویرِ خوابِ ہستی

دریا کی تہ میں چشمِ گرداب سو گئی ہے
ساحل سے لگ کے موجِ بے تاب سو گئی ہے

بستی زمیں کی کیسی ہنگامہ آفریں ہے
یوں سو گئی ہے جیسے آباد ہی نہیں ہے

شاعر کا دل ہے لیکن ناآشنا سکوں سے

آزاد رہ گیا تُو کیونکر مرے فسوں سے؟

شاعر

مَیں ترے چاند کی کھیتی میں گہر بوتا ہُوں
چھپ کے انسانوں سے مانندِ سحر روتا ہُوں

دن کی شورش میں نکلتے ہوئے گھبراتے ہیں
عزلتِ شب میں مرے اشک ٹپک جاتے ہیں

مجھ میں فریاد جو پنہاں ہے، سناؤں کس کو
تپشِ شوق کا نظّارہ دکھاؤں کس کو

برقِ ایمن مرے سینے پہ پڑی روتی ہے
دیکھنے والی ہے جو آنکھ، کہاں سوتی ہے!

صفتِ شمعِ لحد مُردہ ہے محفل میری
آہ، اے رات! بڑی دُور ہے منزل میری

عہدِ حاضر کی ہَوا راس نہیں ہے اس کو
اپنے نقصان کا احساس نہیں ہے اس کو

ضبطِ پیغامِ محبّت سے جو گھبراتا ہُوں
تیرے تابندہ ستاروں کو سنا جاتا ہُوں

بزمِ انجم

سورج نے جاتے جاتے شامِ سیہ قبا کو
طشتِ افق سے لے کر لالے کے پھول مارے
پہنا دیا شفق نے سونے کا سارا زیور
قدرت نے اپنے گہنے چاندی کے سب اتارے
محمل میں خامشی کے لیلائے ظلمت آئی
چمکے عروسِ شب کے موتی وہ پیارے پیارے
وہ دُور رہنے والے ہنگامۂ جہاں سے
کہتا ہے جن کو انساں اپنی زباں میں "تارے"
محوِ فلک فروزی تھی انجمن فلک کی
عرشِ بریں سے آئی آواز اک مَلک کی
اے شب کے پاسبانو، اے آسماں کے تارو!
تابندہ قوم ساری گردُوں نشیں تمھاری
چھیڑو سرود ایسا، جاگ اٹھیں سونے والے
رہبر ہے قافلوں کی تابِ جبیں تمھاری
آئینے قسمتوں کے تم کو یہ جانتے ہیں
شاید سنیں صدائیں اہلِ زمیں تمھاری
رخصت ہوئی خموشی تاروں بھری فضا سے
وسعت تھی آسماں کی معمور اس نوا سے

حسنِ ازل ہے پیدا تاروں کی دلبری میں
جس طرح عکسِ گل ہو شبنم کے آرسی میں

آئینِ نو سے ڈرنا، طرزِ کہن پہ اڑنا
منزل یہی کٹھن ہے قوموں کی زندگی میں

یہ کاروانِ ہستی ہے تیز گام ایسا
قومیں کچل گئی ہیں جس کی رواروی میں

آنکھوں سے ہیں ہماری غائب ہزاروں انجم
داخل ہیں وہ بھی لیکن اپنی برادری میں

اک عمر میں نہ سمجھے اس کو زمین والے
جو بات پا گئے ہم تھوڑی سی زندگی میں

ہیں جذبِ باہمی سے قائم نظام سارے
پوشیدہ ہے یہ نکتہ تاروں کی زندگی میں

سیرِ فلک

تھا تخیل جو ہمسفر میرا
آسماں پر ہوا گزر میرا
اڑتا جاتا تھا اور نہ تھا کوئی
جاننے والا چرخ پر میرا
تارے حیرت سے دیکھتے تھے مجھے
رازِ سر بستہ تھا سفر میرا
حلقۂ صبح و شام سے نکلا
اس پرانے نظام سے نکلا

کیا سناؤں تمھیں ارم کیا ہے
خاتمِ آرزوئے دیدہ و گوش
شاخِ طوبیٰ پہ نغمہ ریز طیور
بے حجابانہ حُور جلوہ فروش
ساقیانِ جمیل جام بدست
پینے والوں میں شورِ نوشانوش
دُور جنّت سے آنکھ نے دیکھا
ایک تاریک خانہ، سرد و خموش
طالعِ قیس و گیسوئے لیلیٰ
اس کی تاریکیوں سے دوش بدوش
خنک ایسا کہ جس سے شرما کر
کرۂ زمہریر ہو روپوش

مَیں نے پوچھی جو کیفیت اس کی
حیرت انگیز تھا جوابِ سروش
یہ مقامِ خنک جہنم ہے
نار سے، نور سے تہی آغوش
شعلے ہوتے ہیں مستعار اس کے
جن سے لرزاں ہیں مردِ عبرت کوش
اہلِ دنیا یہاں جو آتے ہیں
اپنے انگار ساتھ لاتے ہیں

نصیحت

مَیں نے اقبالؔ سے از راہِ نصیحت یہ کہا
عاملِ روزہ ہے تُو اور نہ پابندِ نماز
تُو بھی ہے شیوۂ اربابِ ریا میں کامل
دل میں لندن کی ہوس، لب پہ ترے ذکرِ حجاز
جھوٹ بھی مصلحت آمیز ترا ہوتا ہے
تیرا اندازِ تملّق بھی سراپا اعجاز
ختم تقریر تری مدحتِ سرکار پہ ہے
فکرِ روشن ہے ترا موجدِ آئینِ نیاز
درِ حکام بھی ہے تجھ کو مقامِ محمود
پالسی بھی تری پیچیدہ تر از زلفِ ایاز
اور لوگوں کی طرح تُو بھی چھُپا سکتا ہے
پردۂ خدمتِ دیں میں ہوسِ جاہ کا راز
نظر آ جاتا ہے مسجد میں بھی تُو عید کے دن
اثرِ وعظ سے ہوتی ہے طبیعت بھی گداز
دست پرورد ترے مُلک کے اخبار بھی ہیں
چھیڑنا فرض ہے جن پر تری تشہیر کا ساز
اس پہ طرہ ہے کہ تُو شعر بھی کہہ سکتا ہے
تیری مینائے سخن میں ہے شرابِ شیراز
جتنے اوصاف ہیں لیڈر کے، وہ ہیں تجھ میں سبھی
تجھ کو لازم ہے کہ ہو اٹھ کے شریکِ تگ و تاز
غمِ صیّاد نہیں، اور پر و بال بھی ہیں
پھر سبب کیا ہے، نہیں تجھ کو دماغِ پرواز
"عاقبت منزلِ ما وادیِ خاموشان است
حالیا غلغلہ در گنبدِ افلاک انداز"

رام

لبریز ہے شرابِ حقیقت سے جامِ ہند
سب فلسفی ہیں خطۂ مغرب کے رامِ ہند

یہ ہندیوں کے فکرِ فلک رس کا ہے اثر
رفعت میں آسماں سے بھی اونچا ہے بامِ ہند

اس دیس میں ہوئے ہیں ہزاروں مَلک سرشت
مشہور جن کے دم سے ہے دنیا میں نامِ ہند

ہے رام کے وجود پہ ہندوستاں کو ناز
اہلِ نظر سمجھتے ہیں اس کو امامِ ہند

اعجاز اس چراغِ ہدایت کا ہے یہی
روشن تر از سحر ہے زمانے میں شامِ ہند

تلوار کا دھنی تھا، شجاعت میں فرد تھا
پاکیزگی میں، جوشِ محبّت میں فرد تھا

موٹر

کیسی پتے کی بات جگندر نے کل کہی
موٹر ہے ذوالفقار علی خاں کا کیا خموش

ہنگامہ آفریں نہیں اس کا خرامِ ناز
مانندِ برقِ تیز، مثالِ ہَوا خموش

مَیں نے کہا، نہیں ہے یہ موٹر پہ منحصر
ہے جادۂ حیات میں ہر تیز پا خموش

ہے پا شکستہ شیوۂ فریاد سے جرس
نکہت کا کارواں ہے مثالِ صبا خموش

مینا مدام شورشِ قلقل سے پا بہ گل
لیکن مزاجِ جامِ خرام آشنا خموش

شاعر کے فکر کو پرِ پرواز خامشی
سرمایہ دار گرمیِ آواز خامشی!

خطاب بہ جوانانِ اسلام

کبھی اے نوجواں مسلم! تدبّر بھی کیا تُو نے
وہ کیا گردُوں تھا تُو جس کا ہے اک ٹوٹا ہوا تارا
تجھے اس قوم نے پالا ہے آغوشِ محبّت میں
کچل ڈالا تھا جس نے پاؤں میں تاجِ سرِ دارا
تمدّن آفریں خلّاقِ آئینِ جہاں داری
وہ صحرائے عرب یعنی شتربانوں کا گہوارا
سماں ''الفقر فخری'' کا رہا شانِ امارت میں
''باآب و رنگ و خال و خط چہ حاجت روئے زیبا را''
گدائی میں بھی وہ اللہ والے تھے غیور اتنے
کہ منعم کو گدا کے ڈر سے بخشش کا نہ تھا یارا
غرض مَیں کیا کہوں تجھ سے کہ وہ صحرانشیں کیا تھے
جہاں گیر و جہاں دار و جہاں بان و جہاں آرا
اگر چاہوں تو نقشہ کھینچ کر الفاظ میں رکھ دوں
مگر تیرے تخیّل سے فزوں تر ہے وہ نظّارا
تجھے آبا سے اپنے کوئی نسبت ہو نہیں سکتی
کہ تُو گفتار وہ کردار، تُو ثابت وہ سیّارا
گنوا دی ہم نے جو اسلاف سے میراث پائی تھی
ثریّا سے زمیں پر آسماں نے ہم کو دے مارا
حکومت کا تو کیا رونا کہ وہ اک عارضی شے تھی
نہیں دنیا کے آئینِ مسلّم سے کوئی چارا
مگر وہ عِلم کے موتی، کتابیں اپنے آبا کی
جو دیکھیں ان کو یورپ میں تو دل ہوتا ہے سیپارا
''غنی! روزِ سیاہِ پیرِ کنعاں را تماشا کن
کہ نورِ دیدہ اش روشن کند چشمِ زلیخا را''

غرّۂ شوّال یا ہلال عید

غرّۂ شوّال! اے نورِ نگاہِ روزہ دار
آ کہ تھے تیرے لیے مسلم سراپا انتظار
تیری پیشانی پہ تحریرِ پیامِ عید ہے
شام تیری کیا ہے، صبحِ عیش کی تمہید ہے
سرگزشتِ ملّتِ بیضا کا تُو آئینہ ہے
اے مہِ نَو! ہم کو تجھ سے الفتِ دیرینہ ہے
جس عَلَم کے سائے میں تیغ آزما ہوتے تھے ہم
دشمنوں کے خون سے رنگیں قبا ہوتے تھے ہم
تیری قسمت میں ہم آغوشی اسی رایت کی ہے
حسنِ روز افزوں سے تیرے آبرو ملّت کی ہے
آشنا پرور ہے قوم اپنی، وفا آئیں ترا
ہے محبّت خیز یہ پیراہنِ سیمیں ترا
اوجِ گردُوں سے ذرا دنیا کی بَستی دیکھ لے
اپنی رفعت سے ہمارے گھر کی پستی دیکھ لے!

قافلے دیکھ اور ان کی برق رفتاری بھی دیکھ
رہروِ درماندہ کی منزل سے بیزاری بھی دیکھ
دیکھ کر تجھ کو افق پر ہم لٹاتے تھے گہر
اے تہی ساغر! ہماری آج ناداری بھی دیکھ
فرقہ آرائی کی زنجیروں میں ہیں مسلم اسیر
اپنی آزادی بھی دیکھ، ان کی گرفتاری بھی دیکھ

دیکھ مسجد میں شکستِ رشتۂ تسبیحِ شیخ
بت کدے میں برہمن کی پختہ زُنّاری بھی دیکھ
کافروں کی مسلم آئینی کا بھی نظّارہ کر
اور اپنے مسلموں کی مسلم آزاری بھی دیکھ
بارشِ سنگِ حوادث کا تماشائی بھی ہو
اُمّتِ مرحوم کی آئینہ دیواری بھی دیکھ
ہاں، تملّق پیشگی دیکھ آبرو والوں کی تُو
اور جو بے آبرو تھے، ان کی خود داری بھی دیکھ
جس کو ہم نے آشنا لطفِ تکلم سے کیا
اس حریفِ بے زباں کی گرم گفتاری بھی دیکھ
سازِ عشرت کی صدا مغرب کے ایوانوں میں سن
اور ایراں میں ذرا ماتم کی تیاری بھی دیکھ
چاک کر دی ترکِ ناداں نے خلافت کی قبا
سادگی مسلم کی دیکھ، اوروں کی عیاری بھی دیکھ

صورتِ آئینہ سب کچھ دیکھ اور خاموش رہ
شورشِ امروز میں محوِ سرودِ دوش رہ

شمع اور شاعر

فروری، ۱۹۱۲

شاعر

دوش می گفتم بہ شمعِ منزلِ ویرانِ خویش
گیسوئے تو از پرِ پروانہ دارد شانۂ
در جہاں مثلِ چراغِ لالۂ صحرا ستم
نَے نصیبِ محفلے نَے قسمتِ کاشانۂ
مدتے مانندِ تو من ہم نفَس می سوختم
در طوافِ شعلہ ام بالے نہ زد پروانۂ
می تپد صد جلوہ در جانِ امل فرسود من
بر نمی خیزد ازیں محفل دلِ دیوانۂ

از کجا ایں آتشِ عالم فروز اندوختی
کرمکِ بے مایہ را سوزِ کلیم آموختی

شمع

مجھ کو جو موجِ نفَس دیتی ہے پیغامِ اجل
لب اسی موجِ نفَس سے ہے نوا پیرا ترا
مَیں تو جلتی ہوں کہ ہے مضمر مری فطرت میں سوز

تُو فروزاں ہے کہ پروانوں کو ہو سودا ترا
گریہ ساماں میں کہ میرے دل میں ہے طوفانِ اشک
شبنم افشاں تُو کہ بزمِ گل میں ہو چرچا ترا
گل بہ دامن ہے مری شب کے لہو سے میری صبح
ہے ترے امروز سے نا آشنا فردا ترا
یوں تو روشن ہے مگر سوزِ دروں رکھتا نہیں
شعلہ ہے مثلِ چراغِ لالۂ صحرا ترا
سوچ تو دل میں، لقب ساقی کا ہے زیبا تجھے؟
انجمن پیاسی ہے اور پیمانہ بے صہبا ترا!
اور ہے تیرا شعار، آئینِ ملّت اور ہے
زشت روئی سے تری آئینہ ہے رسوا ترا
کعبہ پہلو میں ہے اور سودائیِ بت خانہ ہے
کس قدر شوریدہ سر ہے شوقِ بے پروا ترا
قیس پیدا ہوں تری محفل میں یہ ممکن نہیں
تنگ ہے صحرا ترا، محمل ہے بے لیلا ترا
اے درِ تابندہ، اے پروردۂ آغوشِ موج!
لذّتِ طوفاں سے ہے نا آشنا دریا ترا

اب نوا پیرا ہے کیا، گلشن ہوا برہم ترا
بے محل تیرا ترنم، نغمہ بے موسم ترا

تھا جنھیں ذوقِ تماشا، وہ تو رخصت ہو گئے
لے کے اب تو وعدۂ دیدارِ عام آیا تو کیا
انجمن سے وہ پرانے شعلہ آشام اٹھ گئے
ساقیا! محفل میں تُو آتش بجام آیا تو کیا
آہ، جب گلشن کی جمعیّت پریشاں ہو چکی
پھول کو بادِ بہاری کا پیام آیا تو کیا
آخرِ شب دید کے قابل تھی بسمل کی تڑپ

صبح دم کوئی اگر بالائے بام آیا تو کیا
بجھ گیا وہ شعلہ جو مقصودِ ہر پروانہ تھا
اب کوئی سودائیِ سوزِ تمام آیا تو کیا

پھول بے پروا ہیں، تُو گرمِ نوا ہو یا نہ ہو
کارواں بے حس ہے، آوازِ درا ہو یا نہ ہو

شمعِ محفل ہو کے تُو جب سوز سے خالی رہا
تیرے پروانے بھی اس لذّت سے بیگانے رہے
رشتۂ الفت میں جب ان کو پرو سکتا تھا تُو
پھر پریشاں کیوں تری تسبیح کے دانے رہے
شوقِ بے پروا گیا، فکرِ فلک پیما گیا
تیری محفل میں نہ دیوانے نہ فرزانے رہے
وہ جگر سوزی نہیں، وہ شعلہ آشامی نہیں
فائدہ پھر کیا جو گردِ شمع پروانے رہے
خیر، تُو ساقی سہی لیکن پلائے گا کسے
اب نہ وہ مے کش رہے باقی نہ مے خانے رہے
رو رہی ہے آج اک ٹوٹی ہوئی مینا اسے
کل تلک گردش میں جس ساقی کے پیمانے رہے
آج ہیں خاموش وہ دشتِ جنوں پرور جہاں
رقص میں لیلیٰ رہی، لیلیٰ کے دیوانے رہے

وائے ناکامی! متاعِ کارواں جاتا رہا
کارواں کے دل سے احساسِ زیاں جاتا رہا

جن کے ہنگاموں سے تھے آباد ویرانے کبھی
شہر ان کے مٹ گئے آبادیاں بَن ہو گئیں
سطوتِ توحید قائم جن نمازوں سے ہوئی

وہ نمازیں ہند میں نذرِ برہمن ہو گئیں
دہر میں عیشِ دوام آئیں کی پابندی سے ہے
موج کو آزادیاں سامانِ شیون ہو گئیں
خود تجلّی کو تمنّا جن کے نظّاروں کی تھی
وہ نگاہیں نا امیدِ نورِ ایمن ہو گئیں
اڑتی پھرتی تھیں ہزاروں بلبلیں گلزار میں
دل میں کیا آئی کہ پابندِ نشیمن ہو گئیں
وسعتِ گردُوں میں تھی ان کی تڑپ نظّارہ سوز
بجلیاں آسودۂ دامانِ خرمن ہو گئیں
دیدۂ خونبار ہو منّت کشِ گلزار کیوں
اشکِ پیہم سے نگاہیں گل بہ دامن ہو گئیں
شامِ غم لیکن خبر دیتی ہے صبحِ عید کی
ظلمتِ شب میں نظر آئی کرن امیّد کی

مژدہ اے پیمانہ بردارِ خمستانِ حجاز!
بعد مدت کے ترے رندوں کو پھر آیا ہے ہوش
نقدِ خودداری بہائے بادۂ اغیار تھی
پھر دکاں تیری ہے لبریزِ صدائے ناؤ نوش
ٹوٹنے کو ہے طلسمِ ماہِ سیمایانِ ہند
پھر سلیمیٰ کی نظر دیتی ہے پیغامِ خروش
پھر یہ غوغا ہے کہ لا ساقی شرابِ خانہ ساز
دل کے ہنگامے مئے مغرب نے کر ڈالے خموش
نغمہ پیرا ہو کہ یہ ہنگامِ خاموشی نہیں
ہے سحر کا آسماں خورشید سے مینا بدوش
در غمِ دیگر بسوز و دیگراں را ہم بسوز
گفتمت روشن حدیثے گر توانی دار گوش
کہہ گئے ہیں شاعری جزو یست از پیغمبری
ہاں سنا دے محفلِ ملّت کو پیغامِ سروش

آنکھ کو بیدار کر دے وعدۂ دیدار سے
زندہ کر دے دل کو سوزِ جوہرِ گفتار سے

رہزنِ ہمّت ہُوا ذوقِ تن آسانی ترا
بحر تھا صحرا میں تُو، گلشن میں مثلِ جُو ہوا
اپنی اصلیت پہ قائم تھا تو جمعیّت بھی تھی
چھوڑ کر گل کو پریشاں کاروانِ بُو ہوا
زندگی قطرے کی سکھلاتی ہے اَسرارِ حیات
یہ کبھی گوہر، کبھی شبنم، کبھی آنسو ہوا
پھر کہیں سے اس کو پیدا کر، بڑی دولت ہے یہ
زندگی کیسی جو دل بیگانۂ پہلو ہوا
آبرو باقی تری ملّت کی جمعیّت سے تھی
جب یہ جمعیّت گئی، دنیا میں رسوا تُو ہوا

فرد قائم ربطِ ملّت سے ہے، تنہا کچھ نہیں
موج ہے دریا میں اور بیرونِ دریا کچھ نہیں

پردۂ دل میں محبّت کو ابھی مستور رکھ
یعنی اپنی مے کو رسوا صورتِ مینا نہ کر
خیمہ زن ہو وادیِ سینا میں مانندِ کلیم
شعلۂ تحقیق کو غارت گرِ کاشانہ کر
شمع کو بھی ہو ذرا معلوم انجامِ ستم
صرفِ تعمیرِ سحر خاکسترِ پروانہ کر
تُو اگر خود دار ہے، منّت کشِ ساقی نہ ہو
عین دریا میں حباب آسا نگوں پیمانہ کر
کیفیت باقی پرانے کوہ و صحرا میں نہیں
ہے جنوں تیرا نیا، پیدا نیا ویرانہ کر
خاک میں تجھ کو مقدر نے ملایا ہے اگر

تُو عصا افتاد سے پیدا مثالِ دانہ کر
ہاں، اسی شاخِ کہن پر پھر بنا لے آشیاں
اہلِ گلشن کو شہیدِ نغمۂ مستانہ کر
اس چمن میں پیروِ بلبل ہو یا تلمیذِ گل
یا سراپا نالہ بن جا یا نوا پیدا نہ کر

کیوں چمن میں بے صدا مثلِ رمِ شبنم ہے تُو
لب کشا ہو جا، سرودِ بربطِ عالم ہے تُو

آشنا اپنی حقیقت سے ہو اے دہقاں ذرا
دانہ تُو، کھیتی بھی تُو، باراں بھی تُو، حاصل بھی تُو
آہ، کس کی جستجو آوارہ رکھتی ہے تجھے
راہ تُو، رہرو بھی تُو، رہبر بھی تُو، منزل بھی تُو
کانپتا ہے دل ترا اندیشۂ طوفاں سے کیا
ناخدا تُو، بحر تُو، کشتی بھی تُو، ساحل بھی تُو
دیکھ آ کر کوچۂ چاکِ گریباں میں کبھی
قیس تُو، لیلیٰ بھی تُو، صحرا بھی تُو، محمل بھی تُو
وائے نادانی کہ تُو محتاجِ ساقی ہو گیا
مے بھی تُو، مینا بھی تُو، ساقی بھی تُو، محفل بھی تُو
شعلہ بن کر پھونک دے خاشاکِ غیر اللہ کو
خوفِ باطل کیا کہ ہے غارت گرِ باطل بھی تُو

بے خبر! تُو جوہرِ آئینۂ ایّام ہے
تُو زمانے میں خدا کا آخری پیغام ہے

اپنی اصلیت سے ہو آگاہ اے غافل کہ تُو
قطرہ ہے، لیکن مثالِ بحرِ بے پایاں بھی ہے
کیوں گرفتارِ طلسمِ ہیچ مقداری ہے تُو

دیکھ تو پوشیدہ تجھ میں شوکتِ طوفاں بھی ہے
سینہ ہے تیرا امیں اس کے پیامِ ناز کا
جو نظامِ دہر میں پیدا بھی ہے، پنہاں بھی ہے
ہفت کشور جس سے ہو تسخیر بے تیغ و تفنگ
تُو اگر سمجھے تو تیرے پاس وہ ساماں بھی ہے
اب تلک شاہد ہے جس پر کوہِ فاراں کا سکوت
اے تغافل پیشہ! تجھ کو یاد وہ پیماں بھی ہے؟
تُو ہی ناداں چند کلیوں پر قناعت کر گیا
ورنہ گلشن میں علاجِ تنگیِ داماں بھی ہے
دل کی کیفیت ہے پیدا پردۂ تقریر میں
کسوتِ مینا میں مے مستور بھی، عریاں بھی ہے
پھونک ڈالا ہے مری آتش نوائی نے مجھے
اور میری زندگانی کا یہی ساماں بھی ہے

راز اس آتش نوائی کا مرے سینے میں دیکھ
جلوۂ تقدیر میرے دل کے آئینے میں دیکھ!

آسماں ہو گا سحر کے نور سے آئینہ پوش
اور ظلمت رات کی سیماب پا ہو جائے گی
اس قدر ہو گی ترنم آفریں بادِ بہار
نکہتِ خوابیدہ غنچے کی نوا ہو جائے گی
آ ملیں گے سینہ چاکانِ چمن سے سینہ چاک
بزمِ گل کی ہم نفَس بادِ صبا ہو جائے گی
شبنم افشانی مری پیدا کرے گی سوز و ساز
اس چمن کی ہر کلی درد آشنا ہو جائے گی
دیکھ لو گے سطوتِ رفتارِ دریا کا مآل
موجِ مضطر ہی اسے زنجیرِ پا ہو جائے گی
پھر دلوں کو یاد آ جائے گا پیغامِ سجود

پھر جبیں خاکِ حرم سے آشنا ہو جائے گی
نالۂ صیّاد سے ہوں گے نوا ساماں طیور
خون گلچیں سے کلی رنگیں قبا ہو جائے گی
آنکھ جو کچھ دیکھتی ہے، لب پہ آ سکتا نہیں
محوِ حیرت ہوں کہ دنیا کیا سے کیا ہو جائے گی
شب گریزاں ہو گی آخر جلوۂ خورشید سے
یہ چمن معمور ہو گا نغمۂ توحید سے

مسلم

جون ۱۹۱۲

ہر نفَس اقبالؔ تیرا آہ میں مستور ہے
سینۂ سوزاں ترا فریاد سے معمور ہے
نغمۂ امیّد تیری بربطِ دل میں نہیں
ہم سمجھتے ہیں یہ لیلیٰ تیرے محمل میں نہیں
گوش آوازِ سرودِ رفتہ کا جویا ترا
اور دل ہنگامۂ حاضر سے بے پروا ترا
قصۂ گل ہم نوایانِ چمن سنتے نہیں
اہلِ محفل تیرا پیغامِ کہن سنتے نہیں
اے درائے کاروانِ خفتہ پا! خاموش رہ
ہے بہت یاس آفریں تیری صدا خاموش رہ
زندہ پھر وہ محفلِ دیرینہ ہو سکتی نہیں
شمع سے روشن شبِ دو شینہ ہو سکتی نہیں

ہم نشیں! مسلم ہُوں مَیں، توحید کا حامل ہُوں مَیں
اس صداقت پر ازل سے شاہدِ عادل ہُوں مَیں
نبض موجودات میں پیدا حرارت اس سے ہے
اور مسلم کے تخیل میں جسارت اس سے ہے
حق نے عالم اس صداقت کے لیے پیدا کیا
اور مجھے اس کی حفاظت کے لیے پیدا کیا

دہر میں غارت گرِ باطل پرستی مَیں ہوا
حق تو یہ ہے حافظِ ناموسِ ہستی مَیں ہوا
میری ہستی پیرہن عریانیِ عالم کی ہے
میرے مٹ جانے سے رسوائی بنی آدم کی ہے
قسمتِ عالم کا مسلم کوکبِ تابندہ ہے
جس کی تابانی سے افسونِ سحر شرمندہ ہے
آشکارا ہیں مری آنکھوں پہ اَسرارِ حیات
کہہ نہیں سکتے مجھے نومیدِ پیکارِ حیات
کب ڈرا سکتا ہے غم کا عارضی منظر مجھے
ہے بھروسا اپنی ملّت کے مقدر پر مجھے
یاس کے عنصر سے ہے آزاد میرا روزگار
فتحِ کامل کی خبر دیتا ہے جوشِ کارزار
ہاں یہ سچ ہے چشم بر عہدِ کہن رہتا ہُوں میں
اہلِ محفل سے پرانی داستاں کہتا ہُوں مَیں
یادِ عہدِ رفتہ میری خاک کو اکسیر ہے
میرا ماضی میرے استقبال کی تفسیر ہے
سامنے رکھتا ہُوں اس دورِ نشاط افزا کو مَیں
دیکھتا ہُوں دوش کے آئینے میں فردا کو مَیں

حضورِ رسالت مآبؐ میں

گراں جو مجھ پہ یہ ہنگامۂ زمانہ ہوا
جہاں سے باندھ کے رختِ سفر روانہ ہوا
قیودِ شام و سحر میں بسر تو کی، لیکن
نظامِ کہنۂ عالم سے آشنا نہ ہوا
فرشتے بزمِ رسالت میں لے گئے مجھ کو
حضورِ آیۂ رحمتؐ میں لے گئے مجھ کو
کہا حضورؐ نے، اے عندلیبِ باغِ حجاز!
کلی کلی ہے تری گرمیِ نوا سے گداز
ہمیشہ سرخوشِ جامِ ولا ہے دل تیرا
فتادگی ہے تری غیرتِ سجودِ نیاز
اڑا جو پستیِ دنیا سے تُو سوئے گردُوں
سکھائی تجھ کو ملائک نے رفعتِ پرواز
نکل کے باغِ جہاں سے برنگِ بو آیا
ہمارے واسطے کیا تحفہ لے کے تُو آیا؟
"حضورؐ! دہر میں آسودگی نہیں ملتی
تلاش جس کی ہے وہ زندگی نہیں ملتی
ہزاروں لالہ و گل ہیں ریاضِ ہستی میں
وفا کی جس میں ہو بُو وہ کلی نہیں ملتی
مگر مَیں نذر کو اک آبگینہ لایا ہُوں
جو چیز اس میں ہے، جنّت میں بھی نہیں ملتی
جھلکتی ہے تری اُمّت کی آبرو اس میں
طرابلس کے شہیدوں کا ہے لہو اس میں

شفاخانۂ حجاز

اک پیشوائے قوم نے اقبالؔ سے کہا
کھلنے کو جدّہ میں ہے شفاخانۂ حجاز
ہوتا ہے تیری خاک کا ہر ذرّہ بے قرار
سنتا ہے تُو کسی سے جو افسانۂ حجاز
دستِ جنوں کو اپنے بڑھا جیب کی طرف
مشہور تُو جہاں میں ہے دیوانۂ حجاز
دارالشفا حوالیِ بطحا میں چاہیے
نبضِ مریض پنجۂ عیسیٰ میں چاہیے

مَیں نے کہا کہ موت کے پردے میں ہے حیات
پوشیدہ جس طرح ہو حقیقت مجاز میں
تلخابۂ اجل میں جو عاشق کو مل گیا
پایا نہ خضر نے مئے عمرِ دراز میں
اوروں کو دیں حضور! یہ پیغامِ زندگی
مَیں موت ڈھونڈتا ہُوں زمینِ حجاز میں
آئے ہیں آپ لے کے شفا کا پیام کیا
رکھتے ہیں اہلِ درد مسیحا سے کام کیا!

جوابِ شکوہ

دل سے جو بات نکلتی ہے اثر رکھتی ہے
پر نہیں، طاقتِ پرواز مگر رکھتی ہے
قدسی الاصل ہے، رفعت پہ نظر رکھتی ہے
خاک سے اُٹھتی ہے، گردُوں پہ گزر رکھتی ہے
عشق تھا فتنہ گر و سرکش و چالاک مرا
آسماں چیر گیا نالۂ فریاد مرا

پیرِ گردُوں نے کہا سن کے، کہیں ہے کوئی!
بولے سیارے، سرِ عرشِ بریں ہے کوئی!
چاند کہتا تھا، نہیں۔ اہلِ زمیں ہے کوئی!
کہکشاں کہتی تھی پوشیدہ یہیں ہے کوئی!
کچھ جو سمجھا مرے شکوے کو تو رضواں سمجھا
مجھے جنّت سے نکالا ہوا انساں سمجھا

تھی فرشتوں کو بھی حیرت کہ یہ آواز ہے کیا!
عرش والوں پہ بھی کھُلتا نہیں یہ راز ہے کیا!
تا سرِ عَرش بھی انساں کی تگ و تاز ہے کیا؟
آ گئی خاک کی چٹکی کو بھی پرواز ہے کیا؟
غافل آداب سے سُکّانِ زمیں کیسے ہیں!
شوخ و گستاخ یہ پستی کے مکیں کیسے ہیں!

اس قدر شوخ کہ اللہ سے بھی برہم ہے
تھا جو مسجودِ ملائک یہ وہی آدم ہے؟
عالمِ کیف ہے دانائے رموزِ کم ہے
ہاں، مگر عجز کے اَسرار سے نا محُرم ہے
ناز ہے طاقتِ گفتار پہ انسانوں کو
بات کرنے کا سلیقہ نہیں نادانوں کو

آئی آواز ۔۔ غم انگیز ہے افسانہ ترا
اشکِ بے تاب سے لبریز ہے پیمانہ ترا
آسماں گیر ہوا نعرۂ مستانہ ترا
کس قدر شوخ زباں ہے دلِ دیوانہ ترا
شکر شکوے کو کیا حسنِ ادا سے تُو نے
ہم سخن کر دیا بندوں کو خدا سے تُو نے

ہم تو مائل بہ کرم ہیں کوئی سائل ہی نہیں
راہ دکھلائیں کسے؟ رہروِ منزل ہی نہیں
تربیت عام تو ہے، جوہرِ قابل ہی نہیں
جس سے تعمیر ہو آدم کی، یہ وہ گِل ہی نہیں
کوئی قابل ہو تو ہم شانِ کئی دیتے ہیں
ڈھونڈنے والوں کو دنیا بھی نئی دیتے ہیں

ہاتھ بے زور ہیں، الحاد سے دل خوگر ہیں
اُمتی باعثِ رسوائیِ پیغمبر ہیں
بت شکن اٹھ گئے، باقی جو رہے بت گر ہیں
تھا براہیمؑ پدر اور پسر آذر ہیں
بادہ آشام نئے، بادہ نیا، خم بھی نئے
حرمِ کعبہ نیا، بت بھی نئے، تم بھی نئے

وہ بھی دِن تھے کہ یہی مایۂ رعنائی تھا!
نازشِ موسمِ گل، لالۂ صحرائی تھا!
جو مسلمان تھا اللہ کا سودائی تھا
کبھی محبوب تمھارا یہی ہرجائی تھا
کسی یکجائی سے اب عہدِ غُلامی کر لو
ملّتِ احمدِؐ مرسل کو مقامی کر لو

کِس قدر تم پہ گراں صبح کی بیداری ہے!
ہم سے کب پیار ہے؟ ہاں نیند تمھیں پیاری ہے
طبعِ آزاد پہ قیدِ رمضاں بھاری ہے
تمھیں کہہ دو یہی آئینِ وفا داری ہے؟
قوم مذہب سے ہے، مذہب جو نہیں تم بھی نہیں
جذبِ باہم جو نہیں، محفلِ انجم بھی نہیں

جن کو آتا نہیں دنیا میں کوئی فن، تم ہو
نہیں جس قوم کو پروائے نشیمن، تم ہو
بجلیاں جس میں ہوں آسودہ وہ خرمن، تم ہو
بیچ کھاتے ہیں جو اسلاف کے مدفن، تم ہو
ہو نکو نام جو قبروں کی تجارت کر کے
کیا نہ بیچو گے جو مل جائیں صنم پتھر کے؟

صفحۂ دہر سے باطل کو مٹایا کس نے؟
نوعِ انساں کو غلامی سے چھڑایا کس نے؟
میرے کعبے کو جبینوں سے بسایا کس نے؟
میرے قرآن کو سینوں سے لگایا کس نے؟
تھے تو آبا وہ تمھارے ہی، مگر تم کیا ہو؟
ہاتھ پر ہاتھ دھرے منتظرِ فردا ہو!

کیا کہا؟ بہرِ مسلماں ہے فقط وعدۂ حور
شکوہ بیجا بھی کرے کوئی تو لازم ہے شعور!
عدل ہے فاطرِ ہستی کا ازل سے دستور
مسلم آئیں ہوا کافر تو ملے حور و قصور
تم میں حوروں کا کوئی چاہنے والا ہی نہیں
جلوۂ طور تو موجود ہے موسیٰ ہی نہیں

منفعت ایک ہے اِس قوم کی، نقصان بھی ایک
ایک ہی سب کا نبی، دین بھی، ایمان بھی ایک
حرمِ پاک بھی، اللہ بھی، قرآن بھی ایک
کچھ بڑی بات تھی ہوتے جو مسلمان بھی ایک؟
فرقہ بندی ہے کہیں، اور کہیں ذاتیں ہیں!
کیا زمانے میں پنپنے کی یہی باتیں ہیں؟

کون ہے تارکِ آئینِ رسولِ مختار؟
مصلحت وقت کی ہے کس کے عمل کا معیار؟
کس کی آنکھوں میں سمایا ہے شعارِ اغیار؟
ہو گئی کس کی نگہ طرزِ سلف سے بیزار؟
قلب میں سوز نہیں، روح میں احساس نہیں
کچھ بھی پیغامِ محمد ﷺ کا تمھیں پاس نہیں

جا کے ہوتے ہیں مساجد میں صف آرا تو غریب
زحمتِ روزہ جو کرتے ہیں گوارا، تو غریب
نام لیتا ہے اگر کوئی ہمارا، تو غریب
پردہ رکھتا ہے اگر کوئی تمہارا، تو غریب
امرا نشۂ دولت میں ہیں غافل ہم سے
زندہ ہے ملّتِ بیضا غربا کے دم سے

واعظِ قوم کی وہ پختہ خیالی نہ رہی
برقِ طبعی نہ رہی، شعلہ مقالی نہ رہی
رہ گئی رسمِ اذاں، روحِ بلالی نہ رہی
فلسفہ رہ گیا، تلقینِ غزالی نہ رہی
مسجدیں مرثیہ خواں ہیں کہ نمازی نہ رہے
یعنی وہ صاحبِ اوصافِ حجازی نہ رہے

شور ہے، ہو گئے دنیا سے مسلماں نابود
ہم یہ کہتے ہیں کہ تھے بھی کہیں مسلم موجود؟
وضع میں تم ہو نصاریٰ تو تمدّن میں ہنود
یہ مسلماں ہیں! جنھیں دیکھ کے شرمائیں یہود
یوں تو سیّد بھی ہو، مرزا بھی ہو، افغان بھی ہو
تم سبھی کچھ ہو، بتاؤ تو مسلمان بھی ہو!

دمِ تقریر تھی مسلم کی صداقت بے باک
عدل اس کا تھا قوی، لوثِ مراعات سے پاک
شجرِ فطرتِ مسلم تھا حیا سے نم ناک
تھا شجاعت میں وہ اک ہستیِ فوق الادراک
خود گدازی نمِ کیفیتِ صہبایش بُود
خالی از خویش شدن صورتِ مینایش بُود

ہر مسلماں رگِ باطل کے لیے نشتر تھا
اس کے آئینۂ ہستی میں عمل جوہر تھا
جو بھروسا تھا اسے قوتِ بازو پر تھا
ہے تمھیں موت کا ڈر، اس کو خدا کا ڈر تھا
باپ کا علم نہ بیٹے کو اگر ازبر ہو
پھر پسر قابلِ میراثِ پدر کیونکر ہو!

ہر کوئی مستِ مئے ذوقِ تن آسانی ہے
تم مسلماں ہو! یہ اندازِ مسلمانی ہے؟
حیدری فقر ہے نَے دولتِ عثمانی ہے
تم کو اسلاف سے کیا نسبتِ روحانی ہے؟
وہ زمانے میں معزز تھے مسلماں ہو کر
اور تم خوار ہوئے تارکِ قرآں ہو کر

تم ہو آپس میں غضبناک، وہ آپس میں رحیم
تم خطاکار و خطابیں، وہ خطا پوش و کریم
چاہتے سب ہیں کہ ہوں اوجِ ثریّا پہ مقیم
پہلے ویسا کوئی پیدا تو کرے قلبِ سلیم
تختِ فغفور بھی ان کا تھا، سریرِ کَے بھی
یونہی باتیں ہیں کہ تم میں وہ حمیّت ہے بھی؟

خود کشی شیوہ تمہارا، وہ غیور و خوددار
تم اخوّت سے گریزاں، وہ اخوّت پہ نثار
تم ہو گفتار سراپا، وہ سراپا کردار
تم ترستے ہو کلی کو، وہ گلستاں بہ کنار
اب تلک یاد ہے قوموں کو حکایت ان کی
نقش ہے صفحۂ ہستی پہ صداقت ان کی

مثلِ انجم افقِ قوم پہ روشن بھی ہوئے
بتِ ہندی کی محبّت میں برہمن بھی ہوئے
شوقِ پرواز میں مہجورِ نشیمن بھی ہوئے
بے عمل تھے ہی جواں، دین سے بدظن بھی ہوئے
ان کو تہذیب نے ہر بند سے آزاد کیا
لا کے کعبے سے صنم خانے میں آباد کیا

قیس زحمت کشِ تنہائیِ صحرا نہ رہے
شہر کی کھائے ہَوا، بادیہ پیمانہ نہ رہے
وہ تو دیوانہ ہے، بستی میں رہے یا نہ رہے
یہ ضروری ہے حجابِ رخِ لیلا نہ رہے
گلۂ جور نہ ہو، شکوۂ بیداد نہ ہو
عشق آزاد ہے، کیوں حسن بھی آزاد نہ ہو!

عہدِ نَو برق ہے، آتش زنِ ہر خرمن ہے
ایمن اس سے کوئی صحرا نہ کوئی گلشن ہے
اس نئی آگ کا اقوام کہن ایندھن ہے
ملّتِ ختمِ رسُلؐ شعلہ بہ پیراہن ہے
آج بھی ہو جو براہیمؑ کا ایماں پیدا
آگ کر سکتی ہے اندازِ گلستاں پیدا

دیکھ کر رنگِ چمن ہو نہ پریشاں مالی
کوکبِ غنچہ سے شاخیں ہیں چمکنے والی
خس و خاشاک سے ہوتا ہے گلستاں خالی
گل بر انداز ہے خونِ شہدا کی لالی
رنگ گردُوں کا ذرا دیکھ تو عنّابی ہے
یہ نکلتے ہوئے سورج کی افق تابی ہے

امتیں گلشنِ ہستی میں ثمر چیدہ بھی ہیں
اور محرومِ ثمر بھی ہیں، خزاں دیدہ بھی ہیں
سینکڑوں نخل ہیں، کاہیدہ بھی، بالیدہ بھی ہیں
سینکڑوں بطنِ چمن میں ابھی پوشیدہ بھی ہیں
نخلِ اسلام نمونہ ہے برو مندی کا
پھل ہے یہ سینکڑوں صدیوں کی چمن بندی کا

پاک ہے گردِ وطن سے سرِ داماں تیرا
تُو وہ یوسف ہے کہ ہر مِصر ہے کنعاں تیرا
قافلہ ہو نہ سکے گا کبھی ویراں تیرا
غیر یک بانگِ درا کچھ نہیں ساماں تیرا
نخلِ شمع استی و در شعلہ دو ریشۂ تُو
عاقبت سوز بود سایۂ اندیشۂ تُو

تُو نہ مٹ جائے گا ایران کے مٹ جانے سے
نشّۂ مے کو تعلق نہیں پیمانے سے
ہے عیاں یورشِ تاتار کے افسانے سے
پاسباں مل گئے کعبے کو صنم خانے سے
کشتیِ حق کا زمانے میں سہارا تُو ہے
عصرِ نَو رات ہے، دھندلا سا ستارا تُو ہے

ہے جو ہنگامہ بپا یورشِ بلغاری کا
غافلوں کے لیے پیغام ہے بیداری کا
تُو سمجھتا ہے یہ ساماں ہے دل آزاری کا
امتحاں ہے ترے ایثار کا، خود داری کا
کیوں ہراساں ہے صہیلِ فرسِ اعدا سے
نورِ حق بجھ نہ سکے گا نفَسِ اعدا سے

چشمِ اقوام سے مخفی ہے حقیقت تیری
ہے ابھی محفلِ ہستی کو ضرورت تیری
زندہ رکھتی ہے زمانے کو حرارت تیری
کوکبِ قسمتِ امکاں ہے خلافت تیری
وقتِ فرصت ہے کہاں، کام ابھی باقی ہے
نورِ توحید کا اتمام ابھی باقی ہے

مثلِ بو قید ہے غنچے میں، پریشاں ہو جا
رخت بردوش ہوائے چمنستاں ہو جا
ہے تنک مایہ تو ذرّے سے بیاباں ہو جا
نغمۂ موج سے ہنگامۂ طوفاں ہو جا!
قوتِ عشق سے ہر پست کو بالا کر دے
دہر میں اسمِ محمدﷺ سے اُجالا کر دے

ہو نہ یہ پھول تو بلبل کا ترنم بھی نہ ہو
چمنِ دہر میں کلیوں کا تبسم بھی نہ ہو
یہ نہ ساقی ہو تو پھر مے بھی نہ ہو، خم بھی نہ ہو
بزمِ توحید بھی دنیا میں نہ ہو، تم بھی نہ ہو
خیمہ افلاک کا استادہ اسی نام سے ہے
نبضِ ہستی تپش آمادہ اسی نام سے ہے

دشت میں، دامنِ کہسار میں، میدان میں ہے
بحر میں، موج کی آغوش میں، طوفان میں ہے
چین کے شہر، مراکش کے بیاباں میں ہے
اور پوشیدہ مسلمان کے ایمان میں ہے
چشمِ اقوام یہ نظّارہ ابد تک دیکھے
رفعتِ شانِ رَفَعْنَا لَکَ ذِکْرَک دیکھے

مردمِ چشمِ زمین یعنی وہ کالی دنیا
وہ تمہارے شہدا پالنے والی دنیا
گرمیِ مہر کی پروردہ ہلالی دنیا
عشق والے جسے کہتے ہیں بلالی دنیا
تپش اندوز ہے اس نام سے پارے کی طرح
غوطہ زن نور میں ہے آنکھ کے تارے کی طرح

عقل ہے تیری سپر، عشق ہے شمشیر تری
میرے درویش! خلافت ہے جہاں گیر تری
ماسوا اللہ کے لیے آگ ہے تکبیر تری
تُو مسلماں ہو تو تقدیر ہے تدبیر تری
کی محمدﷺ سے وفا تُو نے تو ہم تیرے ہیں
یہ جہاں چیز ہے کیا، لوح و قلم تیرے ہیں

ساقی

نشہ پلا کے گرانا تو سب کو آتا ہے
مزا تو جب ہے کہ گرتوں کو تھام لے ساقی
جو بادہ کش تھے پرانے، وہ اٹھتے جاتے ہیں
کہیں سے آبِ بقائے دوام لے ساقی!
کٹی ہے رات تو ہنگامہ گستری میں تری
سحر قریب ہے، اللہ کا نام لے ساقی!

تعلیم اور اس کے نتائج

(تضمین بر شعرِ مُلّا عرشی)

خوش تو ہیں ہم بھی جوانوں کی ترقی سے مگر
لبِ خنداں سے نکل جاتی ہے فریاد بھی ساتھ
ہم سمجھتے تھے کہ لائے گی فراغت تعلیم
کیا خبر تھی کہ چلا آئے گا الحاد بھی ساتھ
گھر میں پرویز کے شیریں تو ہوئی جلوہ نما
لے کے آئی ہے مگر تیشۂ فرہاد بھی ساتھ
"تخمِ دیگر بکف آریم و بکاریم ز نو
کانچہ کشتیم ز خجلت نتواں کرد درو"

قربِ سلطان

تمیزِ حاکم و محکوم مٹ نہیں سکتی
مجال کیا کہ گداگر ہو شاہ کا ہمدوش
جہاں میں خواجہ پرستی ہے بندگی کا کمال
رضائے خواجہ طلب کن قبائے رنگیں پوش
مگر غرض جو حصولِ رضائے حاکم ہو
خطاب ملتا ہے منصب پرست و قوم فروش
پرانے طرزِ عمل میں ہزار مشکل ہے
نئے اصول سے خالی ہے فکر کی آغوش
مزا تو یہ ہے کہ یوں زیرِ آسماں رہیے
"ہزار گونہ سخن در دہان و لب خاموش"
یہی اصول ہے سرمایۂ سکونِ حیات
"گدائے گوشہ نشینی تو حافظاؔ مخروش"
مگر خروش پہ مائل ہے تُو، تو بسمِ اللہ
"بگیر بادۂ صافی، ببانگِ چنگ بنوش"
شریکِ بزمِ امیر و وزیر و سلطاں ہو
لڑا کے توڑ دے سنگِ ہوس سے شیشۂ ہوش
پیامِ مرشدِ شیراز بھی مگر سن لے
کہ ہے یہ سِرِّ نہاں خانۂ ضمیرِ سروش
"محلِ نور تجلی است رائے انورِ شاہ
چو قربِ او طلبی در صفائے نیت کوش"

نویدِ صبح

جنوری، ۱۹۱۲

آتی ہے مشرق سے جب ہنگامہ در دامن سحر
منزلِ ہستی سے کر جاتی ہے خاموشی سفر
محفلِ قدرت کا آخر ٹوٹ جاتا ہے سکوت
دیتی ہے ہر چیز اپنی زندگانی کا ثبوت
چہچہاتے ہیں پرندے پا کے پیغامِ حیات
باندھتے ہیں پھول بھی گلشن میں احرامِ حیات
مسلمِ خوابیدہ اُٹھ، ہنگامہ آرا تُو بھی ہو
وہ چمک اُٹھّا افق، گرمِ تقاضا تُو بھی ہو

وسعتِ عالم میں رہ پیما ہو مثلِ آفتاب
دامنِ گردُوں سے نا پیدا ہوں یہ داغِ سحاب
کھینچ کر خنجر کرن کا، پھر ہو سرگرمِ ستیز
پھر سِکھا تاریکیِ باطل کو آدابِ گریز
تُو سراپا نور ہے، خوشتر ہے عریانی تجھے
اور عریاں ہو کے لازم ہے خود افشانی تجھے
ہاں، نمایاں ہو کے برقِ دیدۂ خفّاش ہو
اے دلِ کون و مکاں کے رازِ مضمر! فاش ہو

دعا

یا رب! دلِ مسلم کو وہ زندہ تمنّا دے
جو قلب کو گرما دے، جو روح کو تڑپا دے
پھر وادیِ فاراں کے ہر ذرّے کو چمکا دے
پھر شوقِ تماشا دے، پھر ذوقِ تقاضا دے
محرومِ تماشا کو پھر دیدۂ بینا دے
دیکھا ہے جو کچھ مَیں نے اوروں کو بھی دِکھلا دے

بھٹکے ہوئے آہُو کو پھر سُوئے حرم لے چل
اس شہر کے خُوگر کو پھر وسعتِ صحرا دے
پیدا دلِ ویراں میں پھر شورشِ محشر کر
اس محملِ خالی کو پھر شاہدِ لیلا دے
اس دَور کی ظُلمت میں ہر قلبِ پریشاں کو
وہ داغِ محبّت دے جو چاند کو شرما دے

رفعت میں مقاصد کو ہمدوشِ ثریّا کر
خودداریِ ساحل دے، آزادیِ دریا دے
بے لوث محبّت ہو، بے باک صداقت ہو
سینوں میں اُجالا کر، دل صورتِ مینا دے
احساس عنایت کر آثارِ مصیبت کا
امروز کی شورش میں اندیشۂ فردا دے
مَیں بُلبلِ نالاں ہُوں اک اُجڑے گُلستاں کا
تاثیر کا سائل ہُوں، محتاج کو، داتا دے!

عید پر شعر لکھنے کی فرمائش کے جواب میں

یہ شالامار میں اک برگِ زرد کہتا تھا
گیا وہ موسمِ گل جس کا راز دار ہُوں مَیں
نہ پائمال کریں مجھ کو زائرانِ چمن
اِنھی کی شاخِ نشیمن کی یادگار ہُوں مَیں
ذرا سے پتّے نے بے تاب کر دیا دل کو
چمن میں آ کے سراپا غمِ بہار ہُوں مَیں
خزاں میں مجھ کو رلاتی ہے یادِ فصلِ بہار
خوشی ہو عید کی کیونکر کہ سوگوار ہُوں مَیں
اجاڑ ہو گئے عہدِ کہن کے مے خانے
گذشتہ بادہ پرستوں کی یادگار ہُوں مَیں
پیامِ عیش و مسرت ہمیں سناتا ہے
ہلالِ عید ہماری ہنسی اڑاتا ہے

فاطمہ بنت عبداللہ

جنوری، ۱۹۱۲

(عرب لڑکی جو طرابلس کی جنگ میں غازیوں کو پانی پلاتی ہوئی شہید ہوئی)

فاطمہ! تُو آبروئے اُمّتِ مرحوم ہے
ذرّہ ذرّہ تیری مُشتِ خاک کا معصوم ہے
یہ سعادت، حُورِ صحرائی! تری قسمت میں تھی
غازیانِ دیں کی سقائی تری قسمت میں تھی
یہ جہاد اللہ کے رستے میں بے تیغ و سپر
ہے جسارت آفریں شوقِ شہادت کس قدر
یہ کلی بھی اس گلستانِ خزاں منظر میں تھی
ایسی چنگاری بھی یا رب، اپنی خاکستر میں تھی!
اپنے صحرا میں بہت آہُو ابھی پوشیدہ ہیں
بجلیاں برسے ہوئے بادل میں بھی خوابیدہ ہیں!

فاطمہ! گو شبنم افشاں آنکھ تیرے غم میں ہے
نغمۂ عشرت بھی اپنے نالۂ ماتم میں ہے
رقص تیری خاک کا کتنا نشاط انگیز ہے
ذرّہ ذرّہ زندگی کے سوز سے لبریز ہے
ہے کوئی ہنگامہ تیری تربتِ خاموش میں
پل رہی ہے ایک قومِ تازہ اس آغوش میں
بے خبر ہُوں گرچہ ان کی وسعتِ مقصد سے مَیں
آفرینش دیکھتا ہُوں ان کی اس مرقد سے مَیں

تازہ انجم کا فضائے آسماں میں ہے ظہور
دیدۂ انساں سے نامحرم ہے جن کی موجِ نور
جو ابھی ابھرے ہیں ظلمت خانۂ ایّام سے
جن کی ضو ناآشنا ہے قیدِ صبح و شام سے
جن کی تابانی میں اندازِ کہن بھی، نَو بھی ہے
اور تیرے کوکبِ تقدیر کا پرتَو بھی ہے

شبنم اور ستارے

اک رات یہ کہنے لگے شبنم سے ستارے
ہر صبح نئے تجھ کو میسر ہیں نظارے
کیا جانیے، تو کتنے جہاں دیکھ چکی ہے
جو بن کے مٹے، ان کے نشاں دیکھ چکی ہے
زُہرہ نے سنی ہے یہ خبر ایک مَلَک سے
انسانوں کی بستی ہے بہت دُور فلک سے
کہہ ہم سے بھی اس کشورِ دلکش کا فسانہ
گاتا ہے قمر جس کی محبّت کا ترانہ

اے تارو نہ پوچھو چمنستانِ جہاں کی
گلشن نہیں، اک بستی ہے وہ آہ و فغاں کی
آتی ہے صبا واں سے پلٹ جانے کی خاطر
بے چاری کلی کھلتی ہے مرجھانے کی خاطر
کیا تم سے کہوں کیا چمن افروز کلی ہے
ننھا سا کوئی شعلۂ بے سوز کلی ہے
گل نالۂ بلبل کی صدا سن نہیں سکتا
دامن سے مرے موتیوں کو چُن نہیں سکتا
ہیں مرغِ نوا ریز گرفتار، غضب ہے
اگتے ہیں تہِ سایۂ گل خار، غضب ہے
رہتی ہے سدا نرگسِ بیمار کی تر آنکھ
دل طالبِ نظّارہ ہے، محرومِ نظر آنکھ

دل سوختۂ گرمیِ فریاد ہے شمشاد
زندانی ہے اور نام کو آزاد ہے شمشاد
تارے شررِ آہ ہیں انساں کی زباں میں
مَیں گریۂ گردُوں ہُوں گلستاں کی زباں میں
نادانی ہے یہ گردِ زمیں طوف قمر کا
سمجھا ہے کہ درماں ہے وہاں داغِ جگر کا
بنیاد ہے کاشانۂ عالم کی ہَوا پر
فریاد کی تصویر ہے قرطاسِ فضا پر

محاصرۂ ادرنہ

یورپ میں جس گھڑی حق و باطل کی چھڑ گئی
حق، خنجر آزمائی پہ مجبور ہو گیا

گردِ صلیب گردِ قمر حلقہ زن ہوئی
شکریؔ حصارِ درنہ میں محصور ہو گیا

مسلم سپاہیوں کے ذخیرے ہوئے تمام
روئے امیّد آنکھ سے مستور ہو گیا

آخر امیرِ عسکرِ ترکی کے حکم سے
''آئینِ جنگ'' شہر کا دستور ہو گیا

ہر شے ہوئی ذخیرۂ لشکر میں منتقل
شاہیں گدائے دانۂ عصفور ہو گیا

لیکن فقیہِ شہر نے جس دم سنی یہ بات
گرما کے مثلِ صاعقۂ طُور ہو گیا

ذمّی کا مال لشکرِ مسلم پہ ہے حرام
فتویٰ تمام شہر میں مشہور ہو گیا

چھوتی نہ تھی یہود و نصاریٰ کا مال فوج
مسلم، خدا کے حکم سے مجبور ہو گیا

غلام قادر رہیلہ

رہیلہ کس قدر ظالم، جفا جُو، کینہ پرور تھا
نکالیں شاہِ تیموری کی آنکھیں نوکِ خنجر سے

دیا اہلِ حرم کو رقص کا فرماں ستم گر نے
یہ اندازِ ستم کچھ کم نہ تھا آثارِ محشر سے

بھلا تعمیل اس فرمانِ غیرت کش کی ممکن تھی!
شہنشاہی حرم کی نازنینانِ سمن بر سے

بنایا آہ! سامانِ طرب بیدرد نے ان کو
نہاں تھا حسن جن کا چشمِ مہر و ماہ و اختر سے

لرزتے تھے دلِ نازک ، قدم مجبورِ جنبش تھے
رواں دریائے خوں، شہزادیوں کے دیدۂ تَر سے

یونہی کچھ دیر تک محوِ نظر آنکھیں رہیں اس کی
کیا گھبرا کے پھر آزاد سر کو بارِ مغفر سے

کمر سے، اٹھ کے تیغِ جاں ستاں، آتش فشاں کھولی
سبق آموز تابانی ہوں انجم جس کے جوہر سے

رکھا خنجر کو آگے اور پھر کچھ سوچ کر لیٹا
تقاضا کر رہی تھی نیند گویا چشمِ احمر سے

بجھائے خواب کے پانی نے اخگر اس کی آنکھوں کے
نظر شرما گئی ظالم کی درد انگیز منظر سے

پھر اٹھا اور تیموری حرم سے یوں لگا کہنے
شکایت چاہیے تم کو نہ کچھ اپنے مقدر سے

مرا مسند پہ سو جانا بناوٹ تھی، تکلف تھا
کہ غفلت دُور ہے شانِ صف آرایانِ لشکر سے

یہ مقصد تھا مرا اس سے، کوئی تیمور کی بیٹی
مجھے غافل سمجھ کر مار ڈالے میرے خنجر سے

مگر یہ راز آخر کھل گیا سارے زمانے پر
حمیّت نام ہے جس کا، گئی تیمور کے گھر سے

ایک مکالمہ

اک مرغِ سرا نے یہ کہا مرغِ ہَوا سے
پردار اگر تُو ہے تو کیا مَیں نہیں پردار!

گر تُو ہے ہَوا گیر تو ہُوں مَیں بھی ہَوا گیر
آزاد اگر تُو ہے، نہیں مَیں بھی گرفتار

پرواز، خصوصیّتِ ہر صاحبِ پر ہے
کیوں رہتے ہیں مرغانِ ہَوا مائلِ پندار؟

مجروح حمیّت جو ہوئی مرغِ ہَوا کی
یوں کہنے لگا سن کے یہ گفتارِ دل آزار

کچھ شک نہیں پرواز میں آزاد ہے تُو بھی
حد ہے تری پرواز کی لیکن سرِ دیوار

واقف نہیں تُو ہمّتِ مرغانِ ہَوا سے
تُو خاک نشیمن، اُنھیں گردُوں سے سروکار

''تو مرغ سرائی، خورش از خاک بجوئی
ما در صددِ دانہ بہ انجم زدہ مِنقار''

مَیں اور تُو

مذاقِ دید سے ناآشنا نظر ہے مری
تری نگاہ ہے فطرت کی راز داں، پھر کیا

رہینِ شکوۂ ایّام ہے زباں مری
تری مراد پہ ہے دورِ آسماں، پھر کیا

رکھا مجھے چمن آوارہ مثلِ موجِ نسیم
عطا فلک نے کیا تجھ کو آشیاں، پھر کیا

فزوں ہے سود سے سرمایۂ حیات ترا
مرے نصیب میں ہے کاوشِ زیاں، پھر کیا

ہَوا میں تیرتے پھرتے ہیں تیرے طیارے
مرا جہاز ہے محرومِ باد باں، پھر کیا

قوی شدیم چہ شد، ناتواں شدیم چہ شد؟
چنیں شدیم چہ شد یا چناں شدیم چہ شد؟
بہیچ گونہ دریں گلستاں قرارے نیست
توگر بہار شدی، ما خزاں شدیم، چہ شد؟

تضمین بر شعرِ ابوطالب کلیم

خوب ہے تجھ کو شعارِ صاحبِ یثربؐ کا پاس
کہہ رہی ہے زندگی تیری کہ تُو مسلم نہیں

جس سے تیرے حلقۂ خاتم میں گردُوں تھا اسیر
اے سلیماں! تیری غفلت نے گنوایا وہ نگیں

وہ نشانِ سجدہ جو روشن تھا کوکب کی طرح
ہو گئی ہے اس سے اب ناآشنا تیری جبیں

دیکھ تو اپنا عمل، تجھ کو نظر آتی ہے کیا
وہ صداقت جس کی بے باکی تھی حیرت آفریں

تیرے آبا کی نگہ بجلی تھی جس کے واسطے
ہے وہی باطل ترے کاشانۂ دل میں مکیں

غافل! اپنے آشیاں کو آ کے پھر آباد کر
نغمہ زن ہے طُورِ معنی پر کلیمِ نکتہ بیں

"سرکشی باہر کہ کر دی رام او باید شدن
شعلہ ساں از ہر کجا برخاستی، آنجا نشیں"

شبلی و حالی

مسلم سے ایک روز یہ اقبالؔ نے کہا
دیوانِ جزو و کل میں ہے تیرا وجود فرد
تیرے سرودِ رفتہ کے نغمے علوم نو
تہذیب تیرے قافلہ ہائے کہن کی گرد
پتھر ہے اس کے واسطے موجِ نسیم بھی
نازک بہت ہے آئنۂ آبروئے مرد
مردانِ کار، ڈھونڈ کے اسبابِ حادثات
کرتے ہیں چارۂ ستمِ چرخِ لاجورد
پوچھ ان سے جو چمن کے ہیں دیرینہ راز دار
کیونکر ہوئی خزاں ترے گلشن سے ہم نبرد
مسلم مرے کلام سے بے تاب ہو گیا
غماز ہو گئی غم پنہاں کی آہِ سرد
کہنے لگا کہ دیکھ تو کیفیتِ خزاں
اوراق ہو گئے شجرِ زندگی کے زرد
خاموش ہو گئے چمنستاں کے رازدار
سرمایۂ گداز تھی جن کی نوائے درد
شبلی کو رو رہے تھے ابھی اہلِ گلستاں
حالی بھی ہو گیا سوئے فردوس رہ نورد
"اکنوں کرا دماغ کہ پرسد زباغباں
بلبل چہ گفت و گل چہ شنید و صبا چہ کرد"

ارتقا

ستیزہ کار رہا ہے ازل سے تا امروز
چراغِ مصطفویؐ سے شرارِ بولہبی

حیات شعلہ مزاج و غیور و شور انگیز
سرشت اس کی ہے مشکل کشی، جفا طلبی

سکوتِ شام سے تا نغمۂ سحر گاہی
ہزار مرحلہ ہائے فغانِ نیم شبی

کشا کشِ زم و گرما، تپ و تراش و خراش
ز خاکِ تِیرہ دروں تا بہ شیشۂ حلبی

مقامِ بست و شکست و فشار و سوز و کشید
میانِ قطرۂ نیسان و آتش عنبی

اسی کشاکشِ پیہم سے زندہ ہیں اقوام
یہی ہے رازِ تب و تابِ ملّت عربی

"مغاں کہ دانۂ انگور آب می سازند
ستارہ می شکنند، آفتاب می سازند"

صدیقؓ

اک دن رسولِ پاکؐ نے اصحابؓ سے کہا
دیں مال راہِ حق میں جو ہوں تم میں مالدار

ارشاد سن کے فرطِ طرب سے عمرؓ اُٹھے
اس روز ان کے پاس تھے درہم کئی ہزار

دل میں یہ کہہ رہے تھے کہ صدیقؓ سے ضرور
بڑھ کر رکھے گا آج قدم میرا راہوار

لائے غرضکہ مال رسولِ امیںؐ کے پاس
ایثار کی ہے دست نگر ابتدائے کار

پوچھا حضورِ سرورِ عالمؐ نے، اے عمرؓ!
اے وہ کہ جوشِ حق سے ترے دل کو ہے قرار

رکھا ہے کچھ عیال کی خاطر بھی تُو نے کیا؟
مسلم ہے اپنے خویش و اقارب کا حق گزار

کی عرض نصف مال ہے فرزند و زن کا حق
باقی جو ہے وہ ملّتِ بیضا پہ ہے نثار

اتنے میں وہ رفیقِ نبوّت بھی آگیا
جس سے بِنائے عشق و محبّت ہے استوار

لے آیا اپنے ساتھ وہ مردِ وفا سرشت
ہر چیز، جس سے چشمِ جہاں میں ہو اعتبار

مُلک یمین و درہم و دینار و رخت و جنس
اسپِ قمر سم و شتر و قاطر و حمار

بولے حضورؐ، چاہیے فکرِ عیال بھی
کہنے لگا وہ عشق و محبّت کا رازدار

اے تجھ سے دیدۂ مہ و انجم فروغ گیر!
اے تیری ذات باعثِ تکوینِ روزگار!

پروانے کو چراغ ہے، بلبل کو پھول بس
صدیقؓ کے لیے ہے خدا کا رسول بس

تہذیبِ حاضر

(تضمین بر شعر فیضی)

حرارت ہے بلا کی بادۂ تہذیبِ حاضر میں
بھڑک اُٹھّا بھبوکا بن کے مسلم کا تنِ خاکی

کیا ذرّے کو جگنو دے کے تابِ مستعار اس نے
کوئی دیکھے تو شوخی آفتابِ جلوہ فرما کی

نئے انداز پائے نوجوانوں کی طبیعت نے
یہ رعنائی، یہ بیداری، یہ آزادی، یہ بے باکی

تغیر آگیا ایسا تدبّر میں، تخیل میں
ہنسی سمجھی گئی گلشن میں غنچوں کی جگر چاکی

کیا گم تازہ پروازوں نے اپنا آشیاں لیکن
مناظر دلکشا دکھلا گئی ساحر کی چالاکی

حیاتِ تازہ اپنے ساتھ لائی لذتیں کیا کیا
رقابت، خود فروشی، ناشکیبائی، ہوسناکی

فروغِ شمعِ نو سے بزمِ مسلم جگمگا اٹھی
مگر کہتی ہے پروانوں سے میری کہنہ ادراکی

"تو اے پروانہ! ایں گرمی ز شمع محفلے داری
چو من در آتشِ خود سوز اگر سوزِ دلے داری"

والدہ مرحومہ کی یاد میں

ذرّہ ذرّہ دہر کا زندانیِ تقدیر ہے
پردۂ مجبوری و بے چارگی تدبیر ہے
آسماں مجبور ہے، شمس و قمر مجبور ہیں
انجمِ سیماب پا رفتار پر مجبور ہیں
ہے شکست انجامِ غنچے کا سبُو گلزار میں
سبزہ و گل بھی ہیں مجبورِ نمو گلزار میں
نغمۂ بلبل ہو یا آوازِ خاموشِ ضمیر
ہے اسی زنجیرِ عالم گیر میں ہر شے اسیر

آنکھ پر ہوتا ہے جب یہ سِرِّ مجبوری عیاں
خشک ہو جاتا ہے دل میں اشک کا سیلِ رواں
قلبِ انسانی میں رقصِ عیش و غم رہتا نہیں
نغمہ رہ جاتا ہے، لطفِ زیر و بم رہتا نہیں
عِلم و حکمت رہزنِ سامانِ اشک و آہ ہے
یعنی اک الماس کا ٹکڑا دلِ آگاہ ہے
گرچہ میرے باغ میں شبنم کی شادابی نہیں
آنکھ میری مایہ دارِ اشکِ عنّابی نہیں
جانتا ہُوں آہ، میں آلامِ انسانی کا راز
ہے نوائے شکوہ سے خالی مری فطرت کا ساز
میرے لب پر قصۂ نیرنگیِ دوراں نہیں
دل مرا حیراں نہیں، خنداں نہیں، گریاں نہیں

پر تری تصویر قاصد گریۂ پیہم کی ہے
آہ! یہ تردید میری حکمتِ محکم کی ہے

گریۂ سرشار سے بنیادِ جاں پایندہ ہے
درد کے عرفاں سے عقلِ سنگدل شرمندہ ہے
موجِ دُودِ آہ سے آئینہ ہے روشن مرا
گنجِ آب آورد سے معمور ہے دامن مرا
حیرتی ہُوں مَیں تری تصویر کے اعجاز کا
رخ بدل ڈالا ہے جس نے وقت کی پرواز کا
رفتہ و حاضر کو گویا پا بپا اس نے کیا
عہدِ طفلی سے مجھے پھر آشنا اس نے کیا
جب ترے دامن میں پلتی تھی وہ جانِ ناتواں
بات سے اچھی طرح محرُم نہ تھی جس کی زباں
اور اب چرچے ہیں جس کی شوخیِ گفتار کے
بے بہا موتی ہیں جس کی چشمِ گوہر بار کے

عِلم کی سنجیدہ گفتاری، بڑھاپے کا شعُور
دنیوی اعزاز کی شوکت، جوانی کا غرور
زندگی کی اوج گاہوں سے اتر آتے ہیں ہم
صحبتِ مادر میں طفلِ سادہ رہ جاتے ہیں ہم
بے تکلف خندہ زن ہیں، فکر سے آزاد ہیں
پھر اسی کھوئے ہوئے فردوس میں آباد ہیں

کس کو اب ہو گا وطن میں آہ! میرا انتظار
کون میرا خط نہ آنے سے رہے گا بے قرار
خاکِ مرقد پر تری لے کر یہ فریاد آؤں گا
اب دعائے نیم شب میں کس کو مَیں یاد آؤں گا!
تربیت سے تیری مَیں انجم کا ہم قسمت ہوا

گھر مرے اجداد کا سرمایۂ عزت ہوا
دفترِ ہستی میں تھی زرّیں وَرَق تیری حیات
تھی سراپا دین و دنیا کا سبق تیری حیات
عمر بھر تیری محبّت میری خدمت گر رہی
مَیں تری خدمت کے قابل جب ہُوا تُو چل بسی

وہ جواں، قامت میں ہے جو صورتِ سروِ بلند
تیری خدمت سے ہوا جو مجھ سے بڑھ کر بہرہ مند
کاروبارِ زندگانی میں وہ ہم پہلو مرا
وہ محبّت میں تری تصویر، وہ بازو مرا
تجھ کو مثلِ طفلکِ بے دست و پا روتا ہے وہ
صبر سے ناآشنا صبح و مسا روتا ہے وہ
تخم جس کا تُو ہماری کشتِ جاں میں بو گئی
شرکتِ غم سے وہ الفت اور محکم ہو گئی
آہ! یہ دنیا، یہ ماتم خانۂ برنا و پیر
آدمی ہے کس طلسمِ دوش و فردا میں اسیر!

کتنی مشکل زندگی ہے، کس قدر آساں ہے موت
گلشنِ ہستی میں مانندِ نسیم ارزاں ہے موت
زلزلے ہیں، بجلیاں ہیں، قحط ہیں، آلام ہیں
کیسی کیسی دخترانِ مادرِ ایّام ہیں!
کلبۂ افلاس میں، دولت کے کاشانے میں موت
دشت و در میں، شہر میں، گلشن میں، ویرانے میں موت
موت ہے ہنگامہ آرا قلزمِ خاموش میں
ڈوب جاتے ہیں سفینے موج کی آغوش میں
نَے مجالِ شکوہ ہے، نَے طاقتِ گفتار ہے
زندگانی کیا ہے، اک طوقِ گلو افشار ہے!

قافلے میں غیرِ فریادِ درا کچھ بھی نہیں
اک متاعِ دیدۂ تر کے سوا کچھ بھی نہیں
ختم ہو جائے گا لیکن امتحاں کا دَور بھی
ہیں پسِ نہ پردۂ گردوں ابھی دَور اور بھی
سینہ چاک اس گلستاں میں لالہ و گل ہیں تو کیا
نالہ و فریاد پر مجبور بلبل ہیں تو کیا
جھاڑیاں، جن کے قفس میں قید ہے آہِ خزاں
سبز کر دے گی انھیں بادِ بہارِ جاوداں
خفتہ خاکِ پے سپر میں ہے شرار اپنا تو کیا
عارضی محمل ہے یہ مشتِ غبار اپنا تو کیا
زندگی کی آگ کا انجام خاکستر نہیں
ٹوٹنا جس کا مقدر ہو یہ وہ گوہر نہیں
زندگی محبوب ایسی دیدۂ قدرت میں ہے
ذوقِ حفظِ زندگی ہر چیز کی فطرت میں ہے

موت کے ہاتھوں سے مٹ سکتا اگر نقشِ حیات
عام یوں اس کو نہ کر دیتا نظامِ کائنات
ہے اگر ارزاں تو یہ سمجھو اجل کچھ بھی نہیں
جس طرح سونے سے جینے میں خلل کچھ بھی نہیں
آہ غافل! موت کا رازِ نہاں کچھ اور ہے
نقش کی ناپائداری سے عیاں کچھ اور ہے

جنّتِ نظّارہ ہے نقشِ ہوا بالائے آب
موجِ مضطر توڑ کر تعمیر کرتی ہے حباب
موج کے دامن میں پھر اس کو چھپا دیتی ہے یہ
کتنی بیدردی سے نقش اپنا مٹا دیتی ہے یہ
پھر نہ کر سکتی حباب اپنا اگر پیدا ہوا
توڑنے میں اس کے یوں ہوتی نہ بے پروا ہوا

اس روش کا کیا اثر ہے ہیئتِ تعمیر پر
یہ تو حجّت ہے ہَوا کی قوتِ تعمیر پر
فطرتِ ہستی شہیدِ آرزو رہتی نہ ہو
خوب تر پیکر کی اس کو جستجو رہتی نہ ہو
آہ سیمابِ پریشاں، انجمِ گردُوں فروز
شوخ یہ چنگاریاں، ممنونِ شب ہے جن کا سوز
عقل جس سے سر بہ زانو ہے وہ مدت ان کی ہے
سرگزشتِ نوعِ انساں ایک ساعت ان کی ہے

پھر یہ انساں، آں سوئے افلاک ہے جس کی نظر
قدسیوں سے بھی مقاصد میں ہے جو پاکیزہ تر
جو مثالِ شمعِ روشن، محفلِ قدرت میں ہے
آسماں اک نقطہ جس کی وسعتِ فطرت میں ہے
جس کی نادانی صداقت کے لیے بے تاب ہے
جس کا ناخن سازِ ہستی کے لیے مضراب ہے
شعلہ یہ کمتر ہے گردُوں کے شراروں سے بھی کیا
کم بہا ہے آفتاب اپنا ستاروں سے بھی کیا

تخمِ گل کی آنکھ زیرِ خاک بھی بے خواب ہے
کس قدر نشوونما کے واسطے بے تاب ہے
زندگی کا شعلہ اس دانے میں جو مستور ہے
خود نمائی، خود فزائی کے لیے مجبور ہے
سردیِ مرقد سے بھی افسردہ ہو سکتا نہیں
خاک میں دب کر بھی اپنا سوز کھو سکتا نہیں
پھول بن کر اپنی تربت سے نکل آتا ہے یہ
موت سے گویا قبائے زندگی پاتا ہے یہ
ہے لحد اس قوت آشفتہ کی شیرازہ بند
ڈالتی ہے گردنِ گردُوں میں جو اپنی کمند

موت، تجدیدِ مذاقِ زندگی کا نام ہے
خواب کے پردے میں بیداری کا اک پیغام ہے
خوگرِ پرواز کو پرواز میں ڈر کچھ نہیں
موت اس گلشن میں جز سنجیدنِ پَر کچھ نہیں

کہتے ہیں اہلِ جہاں دردِ اجل ہے لا دوا
زخمِ فرقت وقت کے مرہم سے پاتا ہے شفا
دل مگر، غم مرنے والوں کا جہاں آباد ہے
حلقۂ زنجیرِ صبح و شام سے آزاد ہے
وقت کے افسوں سے تھمتا نالۂ ماتم نہیں
وقت زخمِ تیغِ فرقت کا کوئی مرہم نہیں
سر پہ آ جاتی ہے جب کوئی مصیبت ناگہاں
اشکِ پیہم دیدۂ انساں سے ہوتے ہیں رواں
ربط ہو جاتا ہے دل کو نالہ و فریاد سے
خونِ دل بہتا ہے آنکھوں کی سرشک آباد سے
آدمی تابِ شکیبائی سے گو محروم ہے
اس کی فطرت میں یہ اک احساسِ نامعلوم ہے
ق
جوہرِ انساں عدم سے آشنا ہوتا نہیں
آنکھ سے غائب تو ہوتا ہے، فنا ہوتا نہیں
رختِ ہستی خاک، غم کی شعلہ افشانی سے ہے
سرد یہ آگ اس لطیف احساس کے پانی سے ہے
آہ، یہ ضبطِ فغاں غفلت کی خاموشی نہیں
آگہی ہے یہ دل آسائی، فراموشی نہیں

پردۂ مشرق سے جس دم جلوہ گر ہوتی ہے صبح
داغ شب کا دامنِ آفاق سے دھوتی ہے صبح
لالۂ افسردہ کو آتش قبا کرتی ہے یہ

بے زباں طائر کو سرمستِ نوا کرتی ہے یہ
سینۂ بلبل کے زنداں سے سرود آزاد ہے
سینکڑوں نغموں سے بادِ صبح دم آباد ہے
خفتگانِ لالہ زار و کوہسار و رود باد
ہوتے ہیں آخر عروسِ زندگی سے ہمکنار
یہ اگر آئینِ ہستی ہے کہ ہو ہر شام صبح
مرقدِ انساں کی شب کا کیوں نہ ہو انجام صبح

دامِ سیمینِ تخیل ہے مرا آفاق گیر
کر لیا ہے جس سے تیری یاد کو مَیں نے اسیر
یاد سے تیری دلِ درد آشنا معمور ہے
جیسے کعبے میں دعاؤں سے فضا معمور ہے
وہ فرائض کا تسلسل نام ہے جس کا حیات
جلوہ گاہیں اس کی ہیں لاکھوں جہانِ بے ثبات
مختلف ہر منزلِ ہستی کی رسم و راہ ہے
آخرت بھی زندگی کی ایک جولاں گاہ ہے
ہے وہاں بے حاصلی کشتِ اجل کے واسطے
ساز گار آب و ہَوا تخمِ عمل کے واسطے
نورِ فطرت، ظلمتِ پیکر کا زندانی نہیں
تنگ ایسا حلقۂ افکارِ انسانی نہیں
زندگانی تھی تری مہتاب سے تابندہ تر
خوب تر تھا صبح کے تارے سے بھی تیرا سفر
مثلِ ایوانِ سحر مرقد فَروزاں ہو ترا
نور سے معمور یہ خاکی شبستاں ہو ترا
آسماں تیری لحد پر شبنم افشانی کرے
سبزۂ نورستہ اس گھر کی نگہبانی کرے

شعاعِ آفتاب

صبح جب میری نگہ سودائیِ نظّارہ تھی
آسماں پر اک شعاعِ آفتاب آوارہ تھی
مَیں نے پوچھا اس کرن سے ۔۔ اے سراپا اضطراب!
تیری جانِ نا شکیبا میں ہے کیسا اضطراب
تُو کوئی چھوٹی سی بجلی ہے کہ جس کو آسماں
کر رہا ہے خرمنِ اقوام کی خاطر جواں

یہ تڑپ ہے یا ازل سے تیری خو ہے، کیا ہے یہ
رقص ہے، آوارگی ہے، جستجو ہے، کیا ہے یہ؟

خفتہ ہنگامے ہیں میری ہستیِ خاموش میں
پرورش پائی ہے مَیں نے صبح کی آغوش میں
مضطرب ہر دم مری تقدیر رکھتی ہے مجھے
جستجو میں لذّتِ تنویر رکھتی ہے مجھے
برقِ آتش خو نہیں، فطرت میں گو ناری ہُوں مَیں
مہرِ عالم تاب کا پیغامِ بیداری ہُوں مَیں
سرمہ بن کر چشمِ انساں میں سما جاؤں گی مَیں
رات نے جو کچھ چھپا رکھا تھا، دکھلاؤں گی مَیں
تیرے مستوں میں کوئی جویائے ہشیاری بھی ہے
سونے والوں میں کسی کو ذوقِ بیداری بھی ہے؟

عرفی

محل ایسا کیا تعمیر عرفی کے تخیل نے
تصدّق جس پہ حیرت خانۂ سینا و فارابی
فضائے عشق پر تحریر کی اس نے نوا ایسی
میسر جس سے ہیں آنکھوں کو اب تک اشکِ عنّابی
مرے دل نے یہ اک دن اس کی تربت سے شکایت کی
نہیں ہنگامۂ عالم میں اب سامانِ بے تابی
مزاجِ اہلِ عالم میں تغیر آ گیا ایسا
کہ رخصت ہو گئی دنیا سے کیفیت وہ سیمابی
فغانِ نیم شب شاعر کی بارِ گوش ہوتی ہے
نہ ہو جب چشمِ محفل آشنائے لطفِ بے خوابی
کسی کا شعلۂ فریاد ہو ظلمت ربا کیونکر
گراں ہے شب پرستوں پر سحر کی آسماں تابی
صدا تربت سے آئی "شکوۂ اہلِ جہاں کم گو
نوا را تلخ تر می زن چو ذوقِ نغمہ کم یابی

حدیٰ را تیز تر می خواں چو محمل را گراں بینی"

ایک خط کے جواب میں

ہوس بھی ہو تو نہیں مجھ میں ہمتِ تگ و تاز
حصولِ جاہ ہے وابستۂ مذاقِ تلاش

ہزار شکر، طبیعت ہے ریزہ کار مری
ہزار شکر، نہیں ہے دماغ فتنہ تراش

مرے سخن سے دلوں کی ہیں کھیتیاں سرسبز
جہاں میں ہُوں مَیں مثالِ سحاب دریا پاش

یہ عقدہ ہائے سیاست تجھے مبارک ہوں
کہ فیضِ عشق سے ناخن مرا ہے سینہ خراش

ہوائے بزمِ سلاطیں دلیلِ مردہ دلی
کیا ہے حافظِ رنگیں نوا نے راز یہ فاش

"گرت ہواست کہ با خضر ہم نشیں باشی
نہاں ز چشمِ سکندر چو آبِ حیواں باش"

نانک

قوم نے پیغامِ گوتم کی ذرا پروا نہ کی
قدر پہچانی نہ اپنے گوہرِ یک دانہ کی

آہ! بدقسمت رہے آوازِ حق سے بے خبر
غافل اپنے پھل کی شیرینی سے ہوتا ہے شجر

آشکار اس نے کیا جو زندگی کا راز تھا
ہند کو لیکن خیالی فلسفے پر ناز تھا

شمعِ حق سے جو منوّر ہو یہ وہ محفل نہ تھی
بارشِ رحمت ہوئی لیکن زمیں قابل نہ تھی

آہ! شودر کے لیے ہندوستاں غم خانہ ہے
دردِ انسانی سے اس بستی کا دل بیگانہ ہے

برہمن سرشار ہے اب تک مئے پندار میں
شمعِ گوتم جل رہی ہے محفلِ اغیار میں

بت کدہ پھر بعد مدت کے مگر روشن ہوا
نورِ ابراہیم سے آذر کا گھر روشن ہوا

پھر اٹھی آخر صدا توحید کی پنجاب سے
ہند کو اک مردِ کامل نے جگایا خواب سے

کفر و اسلام

(تضمین بر شعر میر رضیؔ دانش)

ایک دن اقبالؔ نے پوچھا کلیمِ طُور سے
اے کہ تیرے نقشِ پا سے وادیِ سینا چمن

آتشِ نمرود ہے اب تک جہاں میں شعلہ ریز
ہو گیا آنکھوں سے پنہاں کیوں ترا سوزِ کہن

تھا جوابِ صاحبِ سینا کہ مسلم ہے اگر
چھوڑ کر غائب کو تُو حاضر کا شیدائی نہ بن

ذوقِ حاضر ہے تو پھر لازم ہے ایمانِ خلیلؑ
ورنہ خاکستر ہے تیری زندگی کا پیرہن

ہے اگر دیوانۂ غائب تو کچھ پروا نہ کر
منتظر رہ وادیِ فاراں میں ہو کر خیمہ زن

عارضی ہے شانِ حاضر، سطوتِ غائب مدام
اس صداقت کو محبّت سے ہے ربطِ جان و تن

شعلۂ نمرود ہے روشن زمانے میں تو کیا
"شمع خود را می گدازد درمیانِ انجمن
نورِ ما چوں آتشِ سنگ از نظر پنہاں خوش است"

بلالؓ

لکھا ہے ایک مغربیِ حق شناس نے
اہلِ قلم میں جس کا بہت احترام تھا
جولاں گہِ سکندرِ رومی تھا ایشیا
گردُوں سے بھی بلند تر اس کا مقام تھا
تاریخ کہہ رہی ہے کہ رومیؔ کے سامنے
دعویٰ کیا جو پورسؔ و داراؔ نے، خام تھا
دنیا کے اس شہنشہِ انجم سپاہ کو
حیرت سے دیکھتا فلکِ نیل فام تھا
آج ایشیا میں اس کو کوئی جانتا نہیں
تاریخ دان بھی اسے پہچانتا نہیں

لیکن بلالؓ، وہ حَبَشی زادۂ حقیر
فطرت تھی جس کی نورِ نبوّت سے مستنیر
جس کا امیں ازل سے ہوا سینۂ بلالؓ
محکوم اس صدا کے ہیں شاہنشہ و فقیر
ہوتا ہے جس سے اسود و احمر میں اختلاط
کرتی ہے جو غریب کو ہم پہلوئے امیر
ہے تازہ آج تک وہ نوائے جگر گداز
صدیوں سے سن رہا ہے جسے گوشِ چرخِ پیر
اقبالؔ! کس کے عشق کا یہ فیضِ عام ہے
رومیؔ فنا ہوا، حَبَشی کو دوام ہے

مسلمان اور تعلیم جدید

(تضمین بر شعر ملک قمی)

مرشد کی یہ تعلیم تھی اے مسلمِ شوریدہ سر
لازم ہے رہرو کے لیے دنیا میں سامانِ سفر
بدلی زمانے کی ہوا، ایسا تغیر آ گیا
تھے جو گراں قیمت کبھی، اب ہیں متاعِ کس مخر
وہ شعلۂ روشن ترا ظلمت گریزاں جس سے تھی
گھٹ کر ہوا مثلِ شرر تارے سے بھی کم نور تر
شیدائیِ غائب نہ رہ، دیوانۂ موجود ہو
غالب ہے اب اقوام پر معبودِ حاضر کا اثر
ممکن نہیں اس باغ میں کوشش ہو بار آور تری
فرسودہ ہے پھندا ترا، زیرک ہے مرغِ تیز پر
اس دَور میں تعلیم ہے امراضِ ملّت کی دوا
ہے خونِ فاسد کے لیے تعلیم مثلِ نیشتر
رہبر کے ایما سے ہوا تعلیم کا سودا مجھے
واجب ہے صحرا گرد پر تعمیلِ فرمانِ خضر

لیکن نگاہِ نکتہ بیں دیکھے زبوں بختی مری
”رفتم کہ خار از پا کشم،محمل نہاں شد از نظر
یک لحظہ غافل گشتم و صد سالہ را ہم دور شد“

پھولوں کی شہزادی

کلی سے کہہ رہی تھی ایک دن شبنم گلستاں میں
رہی میں ایک مدت غنچہ ہائے باغِ رضواں میں
تمھارے گلستاں کی کیفیت سرشار ہے ایسی
نگہ فردوس در دامن ہے میری چشمِ حیراں میں
سنا ہے کوئی شہزادی ہے حاکم اس گلستاں کی
کہ جس کے نقشِ پا سے پھول ہوں پیدا بیاباں میں

کبھی ساتھ اپنے اس کے آستاں تک مجھ کو تُو لے چل
چھپا کر اپنے دامن میں برنگِ موجِ بو لے چل
کلی بولی، سریر آرا ہماری ہے وہ شہزادی
درخشاں جس کی ٹھوکر سے ہوں پتھر بھی نگیں بن کر
مگر فطرت تری افتندہ اور بیگم کی شان اونچی
نہیں ممکن کہ تُو پہنچے ہماری ہم نشیں بن کر
پہنچ سکتی ہے تُو لیکن ہماری شاہزادی تک
کسی دکھ درد کے مارے کا اشکِ آتشیں بن کر

نظر اس کی پیامِ عید ہے اہلِ محرّم کو
بنا دیتی ہے گوہر، غم زدوں کے اشکِ پیہم کو

تضمین بر شعرِ صائب

کہاں اقبالؔ تُو نے آ بنایا آشیاں اپنا
نوا اس باغ میں بلبل کو ہے سامانِ رسوائی

شرارے وادیِ ایمن کے تُو بوتا تو ہے لیکن
نہیں ممکن کہ پھوٹے اس زمیں سے تخمِ سینائی

کلی زورِ نفَس سے بھی وہاں گل ہو نہیں سکتی
جہاں ہر شے ہو محرومِ تقاضائے خود افزائی

قیامت ہے کہ فطرت سو گئی اہلِ گلستاں کی
نہ ہے بیدار دل پیری، نہ ہمّت خواہ برنائی

دلِ آگاہ جب خوابیدہ ہو جاتے ہیں سینوں میں
نوا گر کے لیے زہراب ہوتی ہے شکر خائی

نہیں ضبطِ نوا ممکن تو اڑ جا اس گلستاں سے
کہ اس محفل سے خوش تر ہے کسی صحرا کی تنہائی

"ہماں بہتر کہ لیلیٰ در بیاباں جلوہ گر باشد
ندارد تنگنائے شہر تابِ حسنِ صحرائی"

فردوس میں ایک مکالمہ

(سعدی)

ہاتف نے کہا مجھ سے کہ فردوس میں اک روز
حالیؔ سے مخاطب ہوئے یوں سعدیِ شیراز
اے آنکہ ز نورِ گہرِ نظمِ فلک تاب
دامن بہ چراغِ مہ و اخترزدۂ باز!
کچھ کیفیتِ مسلمِ ہندی تو بیاں کر
واماندۂ منزل ہے کہ مصروفِ تگ و تاز
مذہب کی حرارت بھی ہے کچھ اس کی رگوں میں؟
تھی جس کی فلک سوز کبھی گرمیِ آواز
باتوں سے ہوا شیخ کی حالیؔ متاثّر
رو رو کے لگا کہنے کہ "اے صاحبِ اعجاز
جب پیرِ فلک نے وَرَق ایّام کا الٹا
آئی یہ صدا، پاؤ گے تعلیم سے اعزاز
آیا ہے مگر اس سے عقیدوں میں تزلزل
دنیا تو ملی، طائرِ دیں کر گیا پرواز
دیں ہو تو مقاصد میں بھی پیدا ہو بلندی
فطرت ہے جوانوں کی زمیں گیر، زمیں تاز
مذہب سے ہم آہنگیِ افراد ہے باقی
دیں زخمہ ہے، جمعیّتِ ملّت ہے اگر ساز
بنیاد لرز جائے جو دیوارِ چمن کی

ظاہر ہے کہ انجامِ گلستاں کا ہے آغاز
پانی نہ مِلا زمزمِ ملّت سے جو اس کو
پیدا ہیں نئی پود میں الحاد کے انداز
یہ ذِکر حضورِ شہِ یثربؐ میں نہ کرنا
سمجھیں نہ کہیں ہند کے مسلم مجھے غماز

خرما نتواں یافت ازاں خار کہ کشتیم
دیبا نتواں بافت ازاں پشم کہ رشتیم"

مذہب

تضمین بر شعر میرزا بیدل

تعلیم پیرِ فلسفۂ مغربی ہے یہ
ناداں ہیں جن کو ہستیِ غائب کی ہے تلاش
پیکر اگر نظر سے نہ ہو آشنا تو کیا
ہے شیخ بھی مثالِ برہمن صنم تراش
محسوس پر بنا ہے علومِ جدید کی
اس دَور میں ہے شیشہ عقائد کا پاش پاش
مذہب ہے جس کا نام، وہ ہے اک جنونِ خام
ہے جس سے آدمی کے تخیل کو انتعاش
کہتا ہے مگر فلسفۂ زندگی کچھ اور
مجھ پر کیا یہ مرشدِ کامل نے راز فاش
"با ہر کمال اندکے آشفتگی خوش است
ہر چند عقلِ کل شدۂ بے جنوں مباش"

جنگِ یرموک کا ایک واقعہ

صف بستہ تھے عرب کے جوانانِ تیغ بند
تھی منتظر حنا کی عروسِ زمینِ شام
اک نوجوان صورتِ سیمابِ مضطرب
آ کر ہوا امیرِ عساکر سے ہم کلام
اے بو عبیدہ رُخصتِ پیکار دے مجھے
لبریز ہو گیا مرے صبر و سکوں کا جام
بے تاب ہو رہا ہُوں فراقِ رسولؐ میں
اک دم کی زندگی بھی محبّت میں ہے حرام
جاتا ہُوں مَیں حضورِ رسالتؐ پناہ میں
لے جاؤں گا خوشی سے اگر ہو کوئی پیام
یہ ذوق و شوق دیکھ کے پرنم ہوئی وہ آنکھ
جس کی نگاہ تھی صفتِ تیغِ بے نیام
بولا امیرِ فوج کہ وہ نوجواں ہے تُو
پِیروں پہ تیرے عشق کا واجب ہے احترام
پوری کرے خدائے محمد ﷺ تری مراد
کتنا بلند تیری محبّت کا ہے مقام!
پہنچے جو بارگاہِ رسولِ امیںؐ میں تو
کرنا یہ عرض میری طرف سے پس از سلام
ہم پر کرم کیا ہے خدائے غیور نے
پورے ہوئے جو وعدے کیے تھے حضورؐ نے

پیوستہ رہ شجر سے، امیدِ بہار رکھ!

ڈالی گئی جو فصلِ خزاں میں شجر سے ٹوٹ
ممکن نہیں ہری ہو سحابِ بہار سے

ہے لازوال عہدِ خزاں اس کے واسطے
کچھ واسطہ نہیں ہے اسے برگ و بار سے

ہے تیرے گلستاں میں بھی فصلِ خزاں کا دور
خالی ہے جیبِ گل زرِ کامل عیار سے

جو نغمہ زن تھے خلوتِ اوراق میں طیور
رخصت ہوئے ترے شجرِ سایہ دار سے

شاخِ بریدہ سے سبق اندوز ہو کہ تُو
ناآشنا ہے قاعدۂ روزگار سے

ملّت کے ساتھ رابطۂ استوار رکھ
پیوستہ رہ شجر سے، امیدِ بہار رکھ!

شبِ معراج

اخترِ شام کی آتی ہے فلک سے آواز
سجدہ کرتی ہے سحر جس کو، وہ ہے آج کی رات
رہِ یک گام ہے ہمّت کے لیے عرشِ بریں
کہہ رہی ہے یہ مسلمان سے معراج کی رات

پھول

تجھے کیوں فکر ہے اے گل دلِ صد چاکِ بلبل کی
تُو اپنے پیرہن کے چاک تو پہلے رفو کر لے

تمنّا آبرو کی ہو اگر گلزارِ ہستی میں
تو کانٹوں میں الجھ کر زندگی کرنے کی خو کر لے

صنوبر باغ میں آزاد بھی ہے، پا بہ گِل بھی ہے
اِنھی پابندیوں میں حاصل آزادی کو تُو کر لے

تنک بخشی کو استغنا سے پیغامِ خجالت دے
نہ رہ منّت کشِ شبنم نگوں جام و سبو کر لے

نہیں یہ شانِ خود داری، چمن سے توڑ کر تجھ کو
کوئی دستار میں رکھ لے، کوئی زیبِ گلو کر لے

چمن میں غنچۂ گل سے یہ کہہ کر اڑ گئی شبنم
مذاقِ جورِ گلچیں ہو تو، پیدا رنگ و بو کر لے

اگر منظور ہو تجھ کو خزاں ناآشنا رہنا
جہانِ رنگ و بو سے، پہلے قطعِ آرزو کر لے

اسی میں دیکھ، مضمر ہے کمالِ زندگی تیرا
جو تجھ کو زینتِ دامن کوئی آئینہ رو کر لے

شیکسپیئر

شفقِ صبح کو دریا کا خرام آئینہ
نغمۂ شام کو خاموشیِ شام آئینہ

برگِ گُل آئنۂ عارضِ زیبائے بہار
شاہدِ مے کے لیے حجلۂ جام آئینہ

حسن آئنۂ حق اور دل آئنۂ حسن
دلِ انساں کو ترا حسنِ کلام آئینہ

ہے ترے فکرِ فلک رس سے کمالِ ہستی
کیا تری فطرتِ روشن تھی مآلِ ہستی

تجھ کو جب دیدۂ دیدار طلب نے ڈھونڈا
تابِ خورشید میں خورشید کو پنہاں دیکھا

چشمِ عالم سے تو ہستی رہی مستور تری
اور عالم کو تری آنکھ نے عریاں دیکھا

حفظِ اَسرار کا فطرت کو ہے سودا ایسا
رازداں پھر نہ کرے گی کوئی پیدا ایسا

اسیری

ہے اسیری اعتبارافزا جو ہو فطرت بلند
قطرۂ نیساں ہے زندانِ صدف سے ارجمند

مشکِ اذفر چیز کیا ہے، اک لہو کی بوند ہے
مشک بن جاتی ہے ہو کر نافۂ آہُو میں بند

ہر کسی کی تربیت کرتی نہیں قدرت، مگر
کم ہیں وہ طائر کہ ہیں دام و قفس سے بہرہ مند

"شہپرِ زاغ و زغن در بند قید و صید نیست
ایں سعادت قسمتِ شہباز و شاہیں کردہ اند"

دریوزۂ خلافت

اگر مُلک ہاتھوں سے جاتا ہے، جائے
تُو احکامِ حق سے نہ کر بے وفائی

نہیں تجھ کو تاریخ سے آگہی کیا
خلافت کی کرنے لگا تُو گدائی

خریدیں نہ جس کو ہم اپنے لہو سے
مسلماں کو ہے ننگ وہ پادشائی

"مرا از شکستن چناں عار ناید
کہ از دیگراں خواستن مومیائی"

ہمایوں

(مسٹر جسٹس شاہ دین مرحوم)

اے ہمایوں! زندگی تیری سراپا سوز تھی
تیری چنگاری چراغِ انجمن افروز تھی

گرچہ تھا تیرا تنِ خاکی نزار و درد مند
تھی ستارے کی طرح روشن تری طبعِ بلند

کس قدر بے باک دل اس ناتواں پیکر میں تھا
شعلۂ گردُوں نورد اک مشتِ خاکستر میں تھا

موت کی لیکن دلِ دانا کو کچھ پروا نہیں
شب کی خاموشی میں جز ہنگامۂ فردا نہیں

موت کو سمجھے ہیں غافل اختتامِ زندگی
ہے یہ شامِ زندگی، صبحِ دوامِ زندگی

خضرِ راہ

شاعر

ساحلِ دریا پہ میں اک رات تھا محوِ نظر
گوشۂ دل میں چھپائے اک جہانِ اضطراب
شب سکوت افزا، ہوا آسودہ، دریا نرم سیر
تھی نظر حیراں کہ یہ دریا ہے یا تصویرِ آب
جیسے گہوارے میں سو جاتا ہے طفلِ شیر خوار
موج مضطر تھی کہیں گہرائیوں میں مستِ خواب
رات کے افسوں سے طائر آشیانوں میں اسیر
انجمِ کم ضو گرفتارِ طلسمِ ماہتاب
دیکھتا کیا ہُوں کہ وہ پیکِ جہاں پیما خضر
جس کی پیری میں ہے مانندِ سحر، رنگِ شباب
کہہ رہا ہے مجھ سے، اے جویائے اَسرارِ ازل!
چشمِ دل وا ہو تو ہے تقدیرِ عالم بے حجاب
دلَ میں یہ سن کر بپا ہنگامۂ محشر ہوا
مَیں شہیدِ جستجو تھا، یوں سخن گستر ہوا
اے تری چشمِ جہاں بیں پر وہ طوفاں آشکار
جن کے ہنگامے ابھی دریا میں سوتے ہیں خموش
''کشتیِ مسکین''، و ''جانِ پاک'' و ''دیوارِ یتیم''
عِلمِ موسیٰ بھی ہے تیرے سامنے حیرت فروش
چھوَڑ کر آبادیاں رہتا ہے تُو صحرا نورد
زندگی تیری ہے بے روز و شب و فردا و دوش
زندگی کا راز کیا ہے، سلطنت کیا چیز ہے
اور یہ سرمایہ و محنت میں ہے کیسا خروش
ہو رہا ہے ایشیا کا خرقۂ دیرینہ چاک
نوجواں اقوامِ نو دولت کے ہیں پیرایہ پوش

گرچہ اسکندر رہا محرومِ آبِ زندگی
فطرتِ اسکندری اب تک ہے گرمِ ناؤ نوش
بیچتا ہے ہاشمی ناموسِ دینِ مصطفیٰ
خاک و خوں میں مل رہا ہے ترکمانِ سخت کوش
آگ ہے، اولادِ ابراہیم ہے، نمرود ہے
کیا کسی کو پھر کسی کا امتحاں مقصود ہے!

جوابِ خضر

صحرا نوردی

کیوں تعجّب ہے مری صحرا نوردی پر تجھے
یہ تگاپوئے دمادم زندگی کی ہے دلیل
اے رہینِ خانہ تُو نے وہ سماں دیکھا نہیں
گونجتی ہے جب فضائے دشت میں بانگِ رحیل
ریت کے ٹیلے پہ وہ آہُو کا بے پروا خرام
وہ حضر بے برگ و ساماں، وہ سفر بے سنگ و میل
وہ نمودِ اخترِ سیماب پا ہنگامِ صبح
یا نمایاں بامِ گردُوں سے جبینِ جبرئیل
وہ سکوتِ شامِ صحرا میں غروبِ آفتاب
جس سے روشن تر ہوئی چشمِ جہاں بینِ خلیلؑ
اور وہ پانی کے چشمے پر مقامِ کارواں
اہلِ ایماں جس طرح جنّت میں گردِ سلسبیل
تازہ ویرانے کی سودائے محبّت کو تلاش
اور آبادی میں تُو زنجیریِ کشت و نخیل
پختہ تر ہے گردشِ پیہم سے جامِ زندگی
ہے یہی اے بے خبر رازِ دوامِ زندگی

زندگی

برتر از اندیشۂ سود و زیاں ہے زندگی
ہے کبھی جاں اور کبھی تسلیمِ جاں ہے زندگی
تُو اسے پیمانۂ امروز و فردا سے نہ ناپ
جاوداں پیہم دواں، ہر دم جواں ہے زندگی
اپنی دنیا آپ پیدا کر اگر زندوں میں ہے
سِرِّ آدم ہے، ضمیرِ کن فکاں ہے زندگی
زندگانی کی حقیقت کوہکن کے دل سے پوچھ
جوئے شیر و تیشہ و سنگِ گراں ہے زندگی
بندگی میں گھٹ کے رہ جاتی ہے اک جوئے کم آب
اور آزادی میں بحرِ بے کراں ہے زندگی
آشکارا ہے یہ اپنی قوتِ تسخیر سے
گرچہ اک مٹی کے پیکر میں نہاں ہے زندگی
قلزمِ ہستی سے تُو ابھرا ہے مانندِ حباب
اس زیاں خانے میں تیرا امتحاں ہے زندگی
خام ہے جب تک تو ہے مٹی کا اک انبار تُو
پختہ ہو جائے تو ہے شمشیرِ بے زنہار تُو
ہو صداقت کے لیے جس دل میں مرنے کی تڑپ
پہلے اپنے پیکرِ خاکی میں جاں پیدا کرے
پھونک ڈالے یہ زمین و آسمانِ مستعار
اور خاکستر سے آپ اپنا جہاں پیدا کرے
زندگی کی قوتِ پنہاں کو کر دے آشکار
تا یہ چنگاری فروغِ جاوداں پیدا کرے
خاکِ مشرق پر چمک جائے مثالِ آفتاب
تا بدخشاں پھر وہی لعلِ گراں پیدا کرے
سوئے گردُوں نالۂ شب گیر کا بھیجے سفیر
رات کے تاروں میں اپنے راز داں پیدا کرے
یہ گھڑی محشر کی ہے، تُو عرصۂ محشر میں ہے
پیش کر غافل، عمل کوئی اگر دفتر میں ہے

سلطنت

آ بتاؤں تجھ کو رمزِ آیۂ "اِنَّ المُلُوک"
سلطنت اقوامِ غالب کی ہے اک جادوگری
خواب سے بیدار ہوتا ہے ذرا محکوم اگر
پھر سُلا دیتی ہے اس کو حکمراں کی ساحری
جادوئے محمود کی تاثیر سے چشمِ ایاز
دیکھتی ہے حلقۂ گردن میں سازِ دلبری
خونِ اسرائیل آ جاتا ہے آخر جوش میں
توڑ دیتا ہے کوئی موسیٰ طلسمِ سامری
سروَری زیبا فقط اس ذاتِ بے ہمتا کو ہے
حکمراں ہے اک وہی، باقی بتانِ آزری
از غلامی فطرتِ آزاد را رسوا مکن
تا تراشی خواجہ ے از برہمن کافر تری
ہے وہی سازِ کہن مغرب کا جمہوری نظام
جس کے پردوں میں نہیں غیر از نوائے قیصری
دیوِ استبداد جمہوری قبا میں پائے کوب
تُو سمجھتا ہے یہ آزادی کی ہے نیلم پری

مجلسِ آئین و اصلاح و رعایات و حقوق
طبِ مغرب میں مزے میٹھے، اثر خواب آوری
گرمیِ گفتار اعضائے مجالس، الاماں!
یہ بھی اک سرمایہ داروں کی ہے جنگِ زرگری
اس سرابِ رنگ و بو کو گلستاں سمجھا ہے تُو
آہ اے ناداں! قفس کو آشیاں سمجھا ہے تُو

سرمایہ و محنت

بندۂ مزدور کو جا کر مرا پیغام دے

خضر کا پیغام کیا، ہے یہ پیامِ کائنات
اے کہ تجھ کو کھا گیا سرمایہ دارِ حیلہ گر
شاخِ آہُو پر رہی صدیوں تلک تیری برات
دستِ دولت آفریں کو مزد یوں ملتی رہی
اہلِ ثروت جیسے دیتے ہیں غریبوں کو زکات
ساحرِ الموط نے تجھ کو دیا برگِ حشیش
اور تُو اے بے خبر سمجھا اسے شاخِ نبات
نسل، قومیت، کلیسا، سلطنت، تہذیب، رنگ
خواجگی نے خوب چُن چُن کے بنائے مُسکِرات
کٹ مرا ناداں خیالی دیوتاؤں کے لیے
سُکر کی لذّت میں تُو لٹوا گیا نقدِ حیات
مکر کی چالوں سے بازی لے گیا سرمایہ دار
انتہائے سادگی سے کھا گیا مزدور مات
اٹھ کہ اب بزمِ جہاں کا اور ہی انداز ہے
مشرق و مغرب میں تیرے دَور کا آغاز ہے
ہمتِ عالی تو دریا بھی نہیں کرتی قبول
غنچہ ساں غافل ترے دامن میں شبنم کب تلک
نغمۂ بیدارئ جمہور ہے سامانِ عیش
قصۂ خواب آورِ اسکندر و جم کب تلک
آفتابِ تازہ پیدا بطنِ گیتی سے ہوا
آسماں! ڈوبے ہوئے تاروں کا ماتم کب تلک
توڑ ڈالیں فطرتِ انساں نے زنجیریں تمام
دوریِ جنّت سے روتی چشمِ آدم کب تلک
باغبانِ چارہ فرما سے یہ کہتی ہے بہار
زخمِ گل کے واسطے تدبیرِ مرہم کب تلک
کرمکِ ناداں! طوافِ شمع سے آزاد ہو
اپنی فطرت کے تجلّی زار میں آباد ہو

دنیائے اسلام

کیا سناتا ہے مجھے ترک و عرب کی داستاں
مجھ سے کچھ پنہاں نہیں اسلامیوں کا سوز و ساز
لے گئے تثلیث کے فرزند میراثِ خلیل
خشتِ بنیادِ کلیسا بن گئی خاکِ حجاز
ہو گئی رسوا زمانے میں کلاہِ لالہ رنگ
جو سراپا ناز تھے، ہیں آج مجبورِ نیاز
لے رہا ہے مے فروشانِ فرنگستاں سے پارس
وہ مئے سرکش، حرارت جس کی ہے مینا گداز
حکمتِ مغرب سے ملّت کی یہ کیفیت ہوئی
ٹکڑے ٹکڑے جس طرح سونے کو کر دیتا ہے گاز
ہو گیا مانندِ آب، ارزاں مسلماں کا لہو
مضطرب ہے تُو کہ تیرا دل نہیں دانائے راز
گفت رومی "ہر بنائے کہنہ کاباداں کنند"
می ندانی "اوّل آں بنیاد را ویراں کنند"

"مُلک ہاتھوں سے گیا ملّت کی آنکھیں کھل گئیں"
حق تُرا چشمے عطا کردست غافل در نگر
مومیائی کی گدائی سے تو بہتر ہے شکست
مورِ بے پر! حاجتے پیشِ سلیمانے مبر
ربط و ضبطِ ملّتِ بیضا ہے مشرق کی نجات
ایشیا والے ہیں اس نکتے سے اب تک بے خبر
پھر سیاست چھوڑ کر داخل حصارِ دیں میں ہو
مُلک و دولت ہے فقط حفظِ حرم کا اک ثمر
ایک ہوں مسلم حرم کی پاسبانی کے لیے
نیل کے ساحل سے لے کر تا بخاکِ کاشغر
جو کرے گا امتیازِ رنگ و خوں، مٹ جائے گا

ترک خر گاہی ہو یا اعرابیِ والا گہر
نسل اگر مسلم کی مذہب پر مقدم ہو گئی
اڑ گیا دنیا سے تُو مانندِ خاکِ رہ گزر
تا خلافت کی بِنا دنیا میں ہو پھر استوار
لا کہیں سے ڈھونڈ کر اسلاف کا قلب و جگر
اے کہ نشناسی خفی را از جلی ہشیار باش
اے گرفتارِ ابوبکرؓ و علیؓ ہشیار باش

عشق کو فریاد لازم تھی سو وہ بھی ہو چکی
اب ذرا دل تھام کر فریاد کی تاثیر دیکھ
تُو نے دیکھا سطوتِ رفتارِ دریا کا عروج
موجِ مضطر کس طرح بنتی ہے اب زنجیر دیکھ
عام حُرّیّت کا جو دیکھا تھا خواب اسلام نے
اے مسلماں آج تُو اس خواب کی تعبیر دیکھ
اپنی خاکستر سمندر کو ہے سامانِ وجود
مر کے پھر ہوتا ہے پیدا یہ جہانِ پیر، دیکھ
کھول کر آنکھیں مرے آئینۂ گفتار میں
آنے والے دَور کی دھندلی سی اک تصویر دیکھ
آزمودہ فتنہ ہے اک اور بھی گردُوں کے پاس
سامنے تقدیر کے رسوائی تدبیر دیکھ
مسلم استی سینہ را از آرزو آباد دار
ہر زماں پیشِ نظر ، "لایُخلِفُ المیعاد" دار

طلوعِ اسلام

دلیلِ صبح روشن ہے ستاروں کی تنک تابی
افق سے آفتاب ابھرا، گیا دورِ گراں خوابی
عروقِ مردۂ مشرق میں خونِ زندگی دوڑا
سمجھ سکتے نہیں اس راز کو سینا و فارابی
مسلماں کو مسلماں کر دیا طوفانِ مغرب نے
تلاطم ہائے دریا ہی سے ہے گوہر کی سیرابی
عطا مومن کو پھر درگاہِ حق سے ہونے والا ہے
شکوہِ ترکمانی، ذہنِ ہندی، نطقِ اعرابی
اثر کچھ خواب کا غنچوں میں باقی ہے تو اے بلبل!
"نوا را تلخ تر می زن چو ذوقِ نغمہ کم یابی"
تڑپ صحنِ چمن میں، آشیاں میں، شاخساروں میں
جدا پارے سے ہو سکتی نہیں تقدیرِ سیمابی
وہ چشمِ پاک بیں کیوں زینتِ برگستواں دیکھے
نظر آتی ہے جس کو مردِ غازی کی جگر تابی
ضمیرِ لالہ میں روشن چراغِ آرزو کر دے
چمن کے ذرّے ذرّے کو شہیدِ جستجو کر دے

سرشکِ چشمِ مسلم میں ہے نیساں کا اثر پیدا
خلیل اللہ کے دریا میں ہوں گے پھر گہر پیدا
کتابِ ملّتِ بیضا کی پھر شیرازہ بندی ہے
یہ شاخِ ہاشمی کرنے کو ہے پھر برگ و بر پیدا

ربود آں ترکِ شیرازی دلِ تبریز و کابل را
صبا کرتی ہے بوئے گُل سے اپنا ہم سفر پیدا
اگر عثمانیوں پر کوہِ غم ٹوٹا تو کیا غم ہے
کہ خونِ صد ہزار انجم سے ہوتی ہے سحر پیدا
جہاں بانی سے ہے دشوار تر، کارِ جہاں بینی
جگر خوں ہو تو چشمِ دل میں ہوتی ہے نظر پیدا
ہزاروں سال نرگس اپنی بے نوری پہ روتی ہے
بڑی مشکل سے ہوتا ہے چمن میں دیدہ ور پیدا
نوا پیرا ہو اے بلبل کہ ہو تیرے ترنم سے
کبوتر کے تنِ نازک میں شاہیں کا جگر پیدا
ترے سینے میں ہے پوشیدہ رازِ زندگی کہہ دے
مسلماں سے حدیثِ سوز و سازِ زندگی کہہ دے

خدائے لم یزل کا دستِ قدرت تُو، زباں تُو ہے
یقیں پیدا کر اے غافل کہ مغلوبِ گماں تُو ہے
پرے ہے چرخِ نیلی فام سے منزل مسلماں کی
ستارے جس کی گردِ راہ ہوں، وہ کارواں تُو ہے
مکاں فانی، مکیں آنی، ازل تیرا، ابد تیرا
خدا کا آخری پیغام ہے تُو، جاوداں تُو ہے
حنا بندِ عروسِ لالہ ہے خونِ جگر تیرا
تری نسبت براہیمی ہے، معمارِ جہاں تُو ہے
تری فطرت امیں ہے ممکناتِ زندگانی کی
جہاں کے جوہرِ مضمر کا گویا امتحاں تُو ہے
جہانِ آب و گل سے عالمِ جاوید کی خاطر
نبوّت ساتھ جس کو لے گئی وہ ارمغاں تُو ہے
یہ نکتہ سرگزشتِ ملّتِ بیضا سے ہے پیدا
کہ اقوامِ زمینِ ایشیا کا پاسباں تُو ہے
سبق پھر پڑھ صداقت کا، عدالت کا، شجاعت کا

لیا جائے گا تجھ سے کام دنیا کی امامت کا

یہی مقصودِ فطرت ہے، یہی رمزِ مسلمانی
اخوّت کی جہاں گیری، محبّت کی فراوانی
بتانِ رنگ و خوں کو توڑ کر ملّت میں گم ہو جا
نہ تورانی رہے باقی، نہ ایرانی، نہ افغانی
میانِ شاخساراں صحبتِ مرغِ چمن کب تک!
ترے بازو میں ہے پروازِ شاہینِ کہستانی
گمان آباد ہستی میں یقیں مردِ مسلماں کا
بیاباں کی شبِ تاریک میں قندیلِ رہبانی
مٹایا قیصر و کسریٰ کے استبداد کو جس نے
وہ کیا تھا؟ زورِ حیدرؓ، فقرِ بو ذرؓ، صدقِ سلمانیؓ
ہوئے احرارِ ملّت جادہ پیما کس تجمّل سے
تماشائی شگافِ در سے ہیں صدیوں کے زندانی
ثباتِ زندگی ایمانِ محکم سے ہے دنیا میں
کہ المانی سے بھی پایندہ تر نکلا ہے تورانی
جب اس انگارۂ خاکی میں ہوتا ہے یقیں پیدا
تو کر لیتا ہے یہ بال و پرِ روح الامیں پیدا

غلامی میں نہ کام آتی ہیں شمشیریں نہ تدبیریں
جو ہو ذوقِ یقیں پیدا تو کٹ جاتی ہیں زنجیریں
کوئی اندازہ کر سکتا ہے اس کے زورِ بازو کا
نگاہِ مردِ مومن سے بدل جاتی ہیں تقدیریں
ولایت، پادشاہی، عِلمِ اشیا کی جہاں گیری
یہ سب کیا ہیں، فقط اک نکتۂ ایماں کی تفسیریں
براہیمی نظر پیدا مگر مشکل سے ہوتی ہے
ہوس چھپ چھپ کے سینوں میں بنا لیتی ہے تصویریں
تمیزِ بندہ و آقا فسادِ آدمیت ہے

حذر اے چیرہ دستاں! سخت ہیں فطرت کی تعزیریں
حقیقت ایک ہے ہر شے کی، خاکی ہو کہ نوری ہو
لہو خورشید کا ٹپکے اگر ذرّے کا دل چیریں
یقیں محکم، عمل پیہم، محبّت فاتحِ عالم
جہادِ زندگانی میں ہیں یہ مردوں کی شمشیریں
چہ باید مرد را طبعِ بلندے، مشربِ نابے
دلِ گرمے، نگاہِ پاک بینے، جانِ بے تابے

عقابی شان سے جھپٹے تھے جو، بے بال و پر نکلے
ستارے شام کے خونِ شفق میں ڈوب کر نکلے
ہوئے مدفونِ دریا زیرِ دریا تیرنے والے
طمانچے موج کے کھاتے تھے، جو، بن کر گہر نکلے
غبارِ رہ گزر ہیں، کیمیا پر ناز تھا جن کو
جبینیں خاک پر رکھتے تھے جو، اکسیر گر نکلے
ہمارا نرم رَو قاصد پیامِ زندگی لایا
خبر دیتی تھیں جن کو بجلیاں وہ بے خبر نکلے
حرم رسوا ہوا پیرِ حرم کی کم نگاہی سے
جوانانِ تتاری کس قدر صاحب نظر نکلے
زمیں سے نوریانِ آسماں پرواز کہتے تھے
یہ خاکی زندہ تر، پایندہ تر، تابندہ تر نکلے
جہاں میں اہلِ ایماں صورتِ خورشید جیتے ہیں
اِدھر ڈوبے اُدھر نکلے، اُدھر ڈوبے اِدھر نکلے
یقیں افراد کا سرمایۂ تعمیرِ ملّت ہے
یہی قوت ہے جو صورت گرِ تقدیرِ ملّت ہے

تُو رازِ کن فکاں ہے، اپنی آنکھوں پر عیاں ہو جا
خودی کا راز داں ہو جا، خدا کا ترجماں ہو جا
ہوس نے کر دیا ہے ٹکڑے ٹکڑے نوعِ انساں کو

اخوّت کا بیاں ہو جا، محبّت کی زباں ہو جا
یہ ہندی، وہ خراسانی، یہ افغانی، وہ تورانی
تو اے شرمندۂ ساحل! اچھل کر بے کراں ہو جا
غبار آلودۂ رنگ و نسب ہیں بال و پر تیرے
تو اے مرغِ حرم! اڑنے سے پہلے پر فشاں ہو جا
خودی میں ڈوب جا غافل! یہ سِرِّ زندگانی ہے
نکل کر حلقۂ شام و سحر سے جاوداں ہو جا
مصافِ زندگی میں سیرتِ فولاد پیدا کر
شبستانِ محبّت میں حریر و پرنیاں ہو جا
گزر جا بن کے سیلِ تند رَو کوہ و بیاباں سے
گلستاں راہ میں آئے تو جوئے نغمہ خواں ہو جا
ترے عِلم و محبّت کی نہیں ہے انتہا کوئی
نہیں ہے تجھ سے بڑھ کر سازِ فطرت میں نوا کوئی

ابھی تک آدمی صیدِ زبونِ شہر یاری ہے
قیامت ہے کہ انساں نوعِ انساں کا شکاری ہے
نظر کو خیرہ کرتی ہے چمک تہذیبِ حاضر کی
یہ صنّاعی مگر جھوٹے نگوں کی ریزہ کاری ہے
وہ حکمت ناز تھا جس پر خرد مندانِ مغرب کو
ہوس کے پنجۂ خونیں میں تیغِ کار زاری ہے
تدبّر کی فسوں کاری سے محکم ہو نہیں سکتا
جہاں میں جس تمدّن کی بِنا سرمایہ داری ہے
عمل سے زندگی بنتی ہے جنّت بھی، جہنم بھی
یہ خاکی اپنی فطرت میں نہ نوری ہے نہ ناری ہے
خروش آموز بلبل ہو، گرہ غنچے کی وا کر دے
کہ تُو اس گلستاں کے واسطے بادِ بہاری ہے
پھر اٹھی ایشیا کے دل سے چنگاری محبّت کی
زمیں جولاں گہِ اطلس قبایانِ تتاری ہے

بیا پیدا خریدار است جانِ ناتوانے را
"پس از مدت گذار افتاد بر ما کاروانے را"

بیا ساقی نوائے مرغ زار از شاخسار آمد
بہار آمد نگار آمد، نگار آمد قرار آمد
کشید ابْرِ بہاری خیمہ اندر وادی و صحرا
صدائے آبشاراں از فرازِ کوہسار آمد
سرت گردم تو ہم قانون پیشیں سازدہ ساقی
کہ خیلِ نغمہ پردازاں قطار اندر قطار آمد
کنار از زاہداں برگیر و بے باکانہ ساغر کش
پس از مدت ازیں شاخِ کہن بانگِ ہزار آمد
بہ مشتاقاں حدیثِ خواجۂ بدر و حنین آور
تصرف ہائے پنہانش بچشمِ آشکار آمد
دگر شاخِ خلیلؑ از خون ما نم ناک می گردد
ببازارِ محبّت نقدِ ما کامل عیار آمد
سرِ خاکِ شہیدے برگہائے لالہ می پاشم
کہ خونش با نہالِ ملّتِ ما سازگار آمد
"بیا تا گل بیفشانیم و مے در ساغر اندازیم
فلک را سقف بشگافیم و طرحِ دیگر اندازیم"

غزلیات

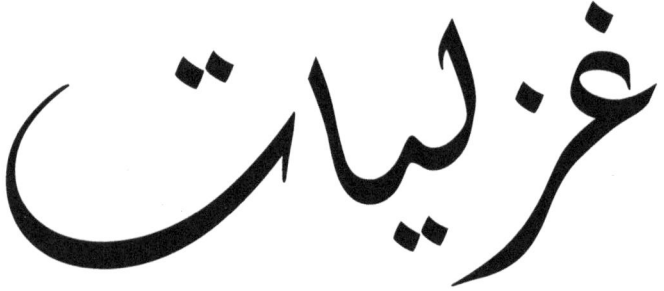

★

اے بادِ صبا! کملی والےؐ سے جا کہیو پیغام مرا
قبضے سے اُمّت بیچاری کے دیں بھی گیا، دنیا بھی گئی

یہ موجِ پریشاں خاطر کو پیغام لبِ ساحل نے دیا
ہے دُور وِصالِ بحر ابھی، تُو دریا میں گھبرا بھی گئی!

عزت ہے محبّت کی قائم اے قیس! حجابِ محمل سے
محمل جو گیا عزت بھی گئی، غیرت بھی گئی لیلا بھی گئی

کی ترک تگ و دو قطرے نے تو آبروئے گوہر بھی ملی
آوارگیِ فطرت بھی گئی اور کشمکشِ دریا بھی گئی

نکلی تو لبِ اقبالؔ سے ہے، کیا جانیے کس کی ہے یہ صدا
پیغامِ سکوں پہنچا بھی گئی، دل محفل کا تڑپا بھی گئی

★

یہ سرودِ قمری و بلبل فریبِ گوش ہے
باطنِ ہنگامہ آبادِ چمن خاموش ہے

تیرے پیمانوں کا ہے یہ اے مئے مغرب اثر
خندہ زن ساقی ہے، ساری انجمن بے ہوش ہے

دہر کے غم خانے میں تیرا پتا ملتا نہیں
جرم تھا کیا آفرینش بھی کہ تُو روپوش ہے

آہ! دنیا دل سمجھتی ہے جسے، وہ دل نہیں
پہلوئے انساں میں اک ہنگامۂ خاموش ہے

زندگی کی رہ میں چل، لیکن ذرا بچ بچ کے چل
یہ سمجھ لے کوئی مینا خانہ بارِ دوش ہے

جس کے دم سے دلّی و لاہور ہم پہلو ہوئے
آہ، اے اقبالؔ وہ بلبل بھی اب خاموش ہے

★

نالہ ہے بلبلِ شوریدہ ترا خام ابھی
اپنے سینے میں اسے اور ذرا تھام ابھی

پختہ ہوتی ہے اگر مصلحت اندیش ہو عقل
عشق ہو مصلحت اندیش تو ہے خام ابھی

بے خطر کود پڑا آتشِ نمرود میں عشق
عقل ہے محوِ تماشائے لبِ بام ابھی

عشق فرمودۂ قاصد سے سبک گامِ عمل
عقل سمجھی ہی نہیں معنیِ پیغام ابھی

شیوۂ عشق ہے آزادی و دہر آشوبی
تُو ہے زُنّاریِ بت خانۂ ایّام ابھی

عذرِ پرہیز پہ کہتا ہے بگڑ کر ساقی
ہے ترے دل میں وہی کاوشِ انجام ابھی

سعیِ پیہم ہے ترازوئے کم و کیفِ حیات
تیری میزاں ہے شمارِ سحر و شام ابھی

ابرِ نیساں! یہ تنک بخشیِ شبنم کب تک
مرے کہسار کے لالے ہیں تہی جام ابھی

بادہ گردانِ عجم وہ، عرَبی میری شراب
مرے ساغر سے جھجکتے ہیں مے آشام ابھی

خبر اقبالؔ کی لائی ہے گلستاں سے نسیم
نو گرفتار پھڑکتا ہے تہِ دام ابھی

★

پردہ چہرے سے اٹھا، انجمن آرائی کر
چشمِ مہر و مہ و انجم کو تماشائی کر

تُو جو بجلی ہے تو یہ چشمکِ پنہاں کب تک
بے حجابانہ مرے دل سے شناسائی کر

نفَسِ گرم کی تاثیر ہے اعجازِ حیات
تیرے سینے میں اگر ہے تو مسیحائی کر

کب تلک طُور پہ دریوزہ گری مثلِ کلیم
اپنی ہستی سے عیاں شعلۂ سینائی کر

ہو تری خاک کے ہر ذرّے سے تعمیرِ حرم
دل کو بیگانۂ اندازِ کلیسائی کر

اس گلستاں میں نہیں حد سے گزرنا اچھا
ناز بھی کر تو بہ اندازۂ رعنائی کر

پہلے خوددار تو مانندِ سکندر ہو لے
پھر جہاں میں ہوسِ شوکتِ دارائی کر

مل ہی جائے گی کبھی منزلِ لیلیٰ اقبالؔ!
کوئی دن اور ابھی بادیہ پیمائی کر

★

پھر بادِ بہار آئی، اقبالؔ غزل خواں ہو
غنچہ ہے اگر گُل ہو، گُل ہے تو گلستاں ہو

تُو خاک کی مٹھی ہے، اجزا کی حرارت سے
برہم ہو، پریشاں ہو، وسعت میں بیاباں ہو

تُو جنسِ محبّت ہے، قیمت ہے گراں تیری
کم مایہ ہیں سوداگر، اس دیس میں ارزاں ہو

کیوں ساز کے پردے میں مستور ہو لَے تیری
تُو نغمۂ رنگیں ہے، ہر گوش پہ عریاں ہو

اے رہروِ فرزانہ! رستے میں اگر تیرے
گلشن ہے تو شبنم ہو، صحرا ہے تو طوفاں ہو

ساماں کی محبّت میں مضمر ہے تن آسانی
مقصد ہے اگر منزل، غارت گرِ ساماں ہو

★

کبھی اے حقیقتِ منتظر نظر آ لباسِ مجاز میں
کہ ہزاروں سجدے تڑپ رہے ہیں مری جبینِ نیاز میں

طرب آشنائے خروش ہو، تُو نوا ہے محرمِ گوش ہو
وہ سرود کیا کہ چھپا ہوا ہو سکوتِ پردۂ ساز میں

تُو بچا بچا کے نہ رکھ اسے، ترا آئنہ ہے وہ آئنہ
کہ شکستہ ہو تو عزیز تر ہے نگاہِ آئنہ ساز میں

دمِ طوف کرمکِ شمع نے یہ کہا کہ وہ اثرِ کہن
نہ تری حکایتِ سوز میں، نہ مری حدیثِ گداز میں

نہ کہیں جہاں میں اماں ملی، جو اماں ملی تو کہاں ملی
مرے جرمِ خانہ خراب کو ترے عفوِ بندہ نواز میں

نہ وہ عشق میں رہیں گرمیاں، نہ وہ حسن میں رہیں شوخیاں
نہ وہ غزنوی میں تڑپ رہی، نہ وہ خم ہے زلفِ ایاز میں

جو میں سر بسجدہ ہوا کبھی تو زمیں سے آنے لگی صدا
ترا دل تو ہے صنم آشنا، تجھے کیا ملے گا نماز میں

★

نہ دام بھی غزل آشنا رہے طائرانِ چمن تو کیا
جو فغاں دلوں میں تڑپ رہی تھی، نوائے زیرِ لبی رہی

ترا جلوہ کچھ بھی تسلّیِ دلِ ناصبور نہ کر سکا
وہی گریۂ سحری رہا، وہی آہِ نیم شبی رہی

نہ خدا رہا نہ صنم رہے، نہ رقیبِ دَیر و حرم رہے
نہ رہی کہیں اسدُ اللّٰہیؑ، نہ کہیں ابولہبی رہی

مرا ساز اگرچہ ستم رسیدۂ زخمہ ہائے عجم رہا
وہ شہیدِ ذوقِ وفا ہُوں مَیں کہ نوا مری عرَبی رہی

★

گرچہ تُو زندانیِ اسباب ہے
قلب کو لیکن ذرا آزاد رکھ

عقل کو تنقید سے فرصت نہیں
عشق پر اعمال کی بنیاد رکھ

اے مسلماں! ہر گھڑی پیشِ نظر
آیۂ "لا یُخْلِفُ المِیْعَاد" رکھ

یہ "لسان العصر" کا پیغام ہے
"اِنَّ وعْدَاللّٰہِ حَقٌّ" یاد رکھ

ظریفانه

★

مشرق میں اصولِ دین بن جاتے ہیں
مغرب میں مگر مشین بن جاتے ہیں
رہتا نہیں ایک بھی ہمارے پلے
واں ایک کے تین تین بن جاتے ہیں

★

لڑکیاں پڑھ رہی ہیں انگریزی
ڈھونڈ لی قوم نے فلاح کی راہ
روشِ مغربی ہے مدِّ نظر
وضعِ مشرق کو جانتے ہیں گناہ
یہ ڈراما دکھائے گا کیا سین
پردہ اٹھنے کی منتظر ہے نگاہ

★

شیخ صاحب بھی تو پردے کے کوئی حامی نہیں
مفت میں کالج کے لڑکے ان سے بدظن ہو گئے
وعظ میں فرما دیا کل آپ نے یہ صاف صاف
''پردہ آخر کس سے ہو جب مرد ہی زن ہو گئے''

★

یہ کوئی دن کی بات ہے اے مردِ ہوش مند!
غیرت نہ تجھ میں ہو گی، نہ زن اوٹ چاہے گی
آتا ہے اب وہ دَور کہ اولاد کے عوض
کونسل کی ممبری کے لیے ووٹ چاہے گی

★

تعلیمِ مغربی ہے بہت جرأت آفریں
پہلا سبق ہے، بیٹھ کے کالج میں مار ڈینگ
بستے ہیں ہند میں جو خریدار ہی فقط
آغا بھی لے کے آتے ہیں اپنے وطن سے ہینگ
میرا یہ حال، بُوٹ کی ٹو چاٹتا ہُوں مَیں
ان کا یہ حکم، دیکھ! مرے فرش پر نہ رینگ
کہنے لگے کہ اونٹ ہے بھدا سا جانور
اچھی ہے گائے، رکھتی ہے کیا نوک دار سینگ

★

کچھ غم نہیں جو حضرتِ واعظ ہیں تنگ دست
تہذیبِ نو کے سامنے سر اپنا خم کریں
ردِّ جہاد میں تو بہت کچھ لکھا گیا
تردیدِ حج میں کوئی رسالہ رقم کریں

★

تہذیب کے مریض کو گولی سے فائدہ!
دفعِ مرض کے واسطے پِل پیش کیجیے
تھے وہ بھی دن کہ خدمتِ استاد کے عوض
دل چاہتا تھا ہدیۂ دل پیش کیجیے
بدلا زمانہ ایسا کہ لڑکا پس از سبق
کہتا ہے ماسٹر سے کہ "بِل پیش کیجیے!"

★

انتہا بھی اس کی ہے؟ آخر خریدیں کب تلک
چھتریاں، رومال، مفلر، پیرہن جاپان سے
اپنی غفلت کی یہی حالت اگر قائم رہی
آئیں گے غسال کابل سے، کفن جاپان سے

★

ہم مشرق کے مسکینوں کا دل مغرب میں جا اٹکا ہے
واں کنٹر سب بلّوری ہیں یاں ایک پرانا مٹکا ہے
اس دَور میں سب مٹ جائیں گے، ہاں! باقی وہ رہ جائے گا
جو قائم اپنی راہ پہ ہے اور پکا اپنی ہٹ کا ہے
اے شیخ و برہمن، سنتے ہو! کیا اہلِ بصیرت کہتے ہیں
گردُوں نے کتنی بلندی سے ان قوموں کو دے پٹکا ہے
یا باہم پیار کے جلسے تھے، دستورِ محبّت قائم تھا
یا بحث میں اردو ہندی ہے یا قربانی یا جھٹکا ہے

★

''اصلِ شہود و شاہد و مشہود ایک ہے''
غالبؔ کا قول سچ ہے تو پھر ذکرِ غیر کیا
کیوں اے جنابِ شیخ! سنا آپ نے بھی کچھ
کہتے تھے کعبے والوں سے کل اہلِ دَیر کیا
ہم پوچھتے ہیں مسلمِ عاشق مزاج سے
الفت بتوں سے ہے تو برہمن سے بیر کیا!

★

ہاتھوں سے اپنے دامنِ دنیا نکل گیا
رخصت ہوا دلوں سے خیالِ معاد بھی
قانونِ وقف کے لیے لڑتے تھے شیخ جی
پوچھو تو، وقف کے لیے ہے جائداد بھی!

★

وہ مِس بولی ارادہ خودکشی کا جب کیا مَیں نے
مہذب ہے تو اے عاشق! قدم باہر نہ دھر حد سے
نہ جرأت ہے، نہ خنجر ہے تو قصدِ خودکشی کیسا
یہ مانا دردِ ناکامی گیا تیرا گزر حد سے
کہا مَیں نے کہ اے جانِ جہاں کچھ نقد دلوا دو
کرائے پر منگا لوں گا کوئی افغان سرحد سے

★

ناداں تھے اس قدر کہ نہ جانی عرب کی قدر
حاصل ہوا یہی، نہ بچے مار پیٹ سے
مغرب میں ہے جہازِ بیاباں، شتر کا نام
ترکوں نے کام کچھ نہ لیا اس فلِیٹ سے

★

ہندوستاں میں جزوِ حکومت ہیں کونسلیں
آغاز ہے ہمارے سیاسی کمال کا
ہم تو فقیر تھے ہی، ہمارا تو کام تھا
سیکھیں سلیقہ اب امرا بھی "سوال" کا

★

ممبری امپیریل کونسل کی کچھ مشکل نہیں
ووٹ تو مل جائیں گے، پیسے بھی دلوائیں گے کیا؟
میرزا غالب خدا بخشے، بجا فرما گئے
"ہم نے یہ مانا کہ دلّی میں رہیں، کھائیں گے کیا؟"

★

دلیلِ مہر و وفا اس سے بڑھ کے کیا ہو گی
نہ ہو حضور سے الفت تو یہ ستم نہ سہیں
مُصِر ہے حلقہ، کمیٹی میں کچھ کہیں ہم بھی
مگر رضائے کلکٹر کو بھانپ لیں تو کہیں
سند تو لیجیے، لڑکوں کے کام آئے گی
وہ مہربان ہیں اب، پھر رہیں، رہیں نہ رہیں
زمین پر تو نہیں ہندیوں کو جا ملتی
مگر جہاں میں ہیں خالی سمندروں کی تہیں
مثالِ کشتیِ بے حس مطیعِ فرماں ہیں
کہو تو بستۂ ساحل رہیں، کہو تو بہیں

★

فرما رہے تھے شیخ طریقِ عمل پہ وعظ
کفار ہند کے ہیں تجارت میں سخت کوش
مشرک ہیں وہ جو رکھتے ہیں مشرک سے لین دین
لیکن ہماری قوم ہے محرومِ عقل و ہوش
ناپاک چیز ہوتی ہے کافر کے ہاتھ کی
سن لے، اگر ہے گوشِ مسلماں کا حق نیوش
اک بادہ کش بھی وعظ کی محفل میں تھا شریک
جس کے لیے نصیحتِ واعظ تھی بارِ گوش
کہنے لگا ستم ہے کہ ایسے قیود کی
پابند ہو تجارتِ سامانِ خورد و نوش

مَیں نے کہا کہ آپ کو مشکل نہیں کوئی
ہندوستاں میں ہیں کلمہ گو بھی مے فروش

★

دیکھیے چلتی ہے مشرق کی تجارت کب تک
شیشۂ دیں کے عوض جام و سبُو لیتا ہے
ہے مداوائے جنونِ نشترِ تعلیم جدید
میرا سرجن رگِ ملّت سے لہو لیتا ہے

★

گائے اک روز ہوئی اونٹ سے یوں گرمِ سخن
نہیں اک حال پہ دنیا میں کسی شے کو قرار
مَیں تو بدنام ہوئی توڑ کے رسی اپنی
سنتی ہُوں آپ نے بھی توڑ کے رکھ دی ہے مہار
ہند میں آپ تو از روئے سیاست ہیں اہم
ریل چلنے سے مگر دشتِ عرب میں بے کار
کل تلک آپ کو تھا گائے کی محفل سے حذر
تھی لٹکتے ہوئے ہونٹوں پہ صدائے زنہار
آج یہ کیا ہے کہ ہم پر ہے عنایت اتنی
نہ رہا آئنۂ دل میں وہ دیرینہ غبار
جب یہ تقریر سنی اونٹ نے، شرما کے کہا
ہے ترے چاہنے والوں میں ہمارا بھی شمار
رشکِ صد غمزۂ اشتر ہے تری ایک کلیل

ہم تو ہیں ایسی کلیلوں کے پرانے بیمار
ترے ہنگاموں کی تاثیر یہ پھیلی بَن میں
بے زبانوں میں بھی پیدا ہے مذاقِ گفتار
ایک ہی بَن میں ہے مدت سے بسیرا اپنا
گرچہ کچھ پاس نہیں، چارا بھی کھاتے ہیں ادھار
گوسفند و شتر و گاو پلنگ و خرِ لنگ
ایک ہی رنگ میں رنگیں ہوں تو ہے اپنا وقار
باغباں ہو سبق آموز جو یک رنگی کا
ہمزباں ہو کے رہیں کیوں نہ طیورِ گلزار
دے وہی جام ہمیں بھی کہ مناسب ہے یہی
تُو بھی سرشار ہو، تیرے رفقا بھی سرشار
"دلقِ حافظؔ بچہ ارزد بہ مَیَش رنگیں کن
وانگہش مست و خراب از رہِ بازار بیار"

★

رات مچھر نے کہہ دیا مجھ سے
ماجرا اپنی نا تمامی کا
مجھ کو دیتے ہیں ایک بوند لہو
صلہ شب بھر کی تشنہ کامی کا
اور یہ بسوہ دار، بے زحمت
پی گیا سب لہو اسامی کا

★

یہ آیۂ نو، جیل سے نازل ہوئی مجھ پر
گیتا میں ہے قرآن تو قرآن میں گیتا
کیا خوب ہوئی آشتیِ شیخ و برہمن
اس جنگ میں آخر نہ یہ ہارا نہ وہ جیتا
مندر سے تو بیزار تھا پہلے ہی سے "بدری"
مسجد سے نکلتا نہیں، ضدی ہے "مسیتا"

★

جان جائے ہاتھ سے جائے نہ ست
ہے یہی اک بات ہر مذہب کا تت
چٹّے بٹّے ایک ہی تھیلی کے ہیں
ساہو کاری، بسوہ داری، سلطنت

★

محنت و سرمایہ دنیا میں صف آرا ہو گئے
دیکھیے ہوتا ہے کس کس کی تمناؤں کا خون
حکمت و تدبیر سے یہ فتنۂ آشوب خیز
ٹل نہیں سکتا، "وَقَدْ كُنْتُمْ بِهِ تَسْتَعْجِلُونَ"
"کھل گئے"، یاجوج اور ماجوج کے لشکر تمام
چشمِ مسلم دیکھ لے تفسیرِ حرفِ "ینسلون"

★

شام کی سرحد سے رخصت ہے وہ رندِ لم یزل
رکھ کے مے خانے کے سارے قاعدے بالائے طاق
یہ اگر سچ ہے تو ہے کس درجہ عبرت کا مقام
رنگ اک پل میں بدل جاتا ہے یہ نیلی رِواق
حضرتِ کرزن کو اب فکرِ مداوا ہے ضرور
حکم برداری کے معدے میں ہے دردِ لایطاق
وفدِ ہندستاں سے کرتے ہیں سر آغا خاں طلب
کیا یہ چورن ہے پئے ہضمِ فلسطین و عراق؟

★

تکرار تھی مزارع و مالک میں ایک روز
دونوں یہ کہہ رہے تھے، مرا مال ہے زمیں
کہتا تھا وہ، کرے جو زراعت اسی کا کھیت
کہتا تھا یہ کہ عقل ٹھکانے تری نہیں
پوچھا زمیں سے مَیں نے کہ ہے کس کا مال تو
بولی مجھے تو ہے فقط اس بات کا یقیں
مالک ہے یا مزارعِ شوریدہ حال ہے
جو زیرِ آسماں ہے، وہ دھرتی کا مال ہے

★

اٹھا کر پھینک دو باہر گلی میں
نئی تہذیب کے انڈے ہیں گندے
الیکشن، ممبری، کونسل، صدارت
بنائے خوب آزادی نے پھندے
میاں نجّار بھی چھیلے گئے ساتھ
نہایت تیز ہیں یورپ کے رندے

★

کارخانے کا ہے مالک مردکِ ناکردہ کار
عیش کا پُتلا ہے، محنت ہے اسے ناسازگار
حکمِ حق ہے ''لَیْسَ لِلاِنْسَانِ اِلاَّ مَا سَعٰی''
کھائے کیوں مزدور کی محنت کا پھل سرمایہ دار

★

سنا ہے مَیں نے، کل یہ گفتگو تھی کارخانے میں
پرانے جھونپڑوں میں ہے ٹھکانا دست کاروں کا
مگر سرکار نے کیا خوب کونسل ہال بنوایا
کوئی اس شہر میں تکیہ نہ تھا سرمایہ داروں کا

★

مسجد تو بنا دی شب بھر میں ایماں کی حرارت والوں نے
من اپنا پرانا پاپی ہے، برسوں میں نمازی بن نہ سکا
کیا خوب امیرِ فیصل کو سنّوسی نے پیغام دیا
تُو نام و نسب کا حجازی ہے پر دل کا حجازی بن نہ سکا
تر آنکھیں تو ہو جاتی ہیں، پر کیا لذّت اس رونے میں
جب خونِ جگر کی آمیزش سے اشک پیازی بن نہ سکا
اقبالؔ بڑا اپدیشک ہے من باتوں میں موہ لیتا ہے
گفتار کا یہ غازی تو بنا، کردار کا غازی بن نہ سکا

غزل سرا ڈاٹ آرگ (امریکہ) کی کتب

غزل سرا ڈاٹ آرگ اردو کتب کا واحد پبلشنگ ہاؤس ہے جس کی کتب تمام بین الاقوامی سٹورز پر موجود ہیں، اپنی کتاب چھپوانے کے لیے ہم سے نیچے دیئے گئے ای میل پر رابطہ فرمائیں

ghazalsara.org@outlook.com

آئی ایس بی این	فارمیٹ	مصنف		ٹائٹل
9781957756066	ہارڈ کور	علامہ محمد اقبال	علامہ اقبال کا اردو کلام	کلیات علامہ اقبال
9781957756080	پیپر بیک			
9781957756196	ای بک	مرزا اسد اللہ خان غالب	مرزا غالب کی تمام غزلیں	کلیاتِ غزل۔ مرزا غالب
9781957756813	ہارڈ کور	میر تقی میر	کلیاتِ میر بار دیف۔ الف تا نون	کلیاتِ میر تقی میر۔ 1/2
9781957756820	پیپر بیک			
9781957756837	ہارڈ کور	میر تقی میر	کلیاتِ میر بار دیف۔ ن تا ی	کلیاتِ میر تقی میر۔ 2/2
9781957756844	پیپر بیک			
9781957756172	ای بک	میر تقی میر	میر کے تمام چھ دیوان	کلیاتِ میر تقی میر
9781957756479	ہارڈ کور	یاور ماجد	بچوں کی نظم۔ ہندی ایڈیشن	آفت کی ضیافت
9781957756998	پیپر بیک			
9781957756097	ہارڈ کور	یاور ماجد	بچوں کی نظم۔ اردو ایڈیشن	آفت کی ضیافت
9781957756103	پیپر بیک			
9781957756110	ہارڈ کور	یاور ماجد	شعری مجموعہ	آنکھ بھر آسمان
9781957756059	پیپر بیک			
9781957756035	ای بک			
9781957756486	پیپر بیک	سعادت حسن منٹو	کلیاتِ منٹو 1/9	ایک زاہدہ ایک فاحشہ
9781957756578	ای بک			
9781957756714	ہارڈ کور			

ٹائٹل		مصنف	فارمیٹ	آئی ایس بی این
بلاؤز	کلیاتِ منٹو 2/9	سعادت حسن منٹو	پیپر بیک	9781957756493
			ای بک	9781957756585
			ہارڈ کور	9781957756721
ٹھنڈا گوشت	کلیاتِ منٹو 3/9	سعادت حسن منٹو	پیپر بیک	9781957756509
			ای بک	9781957756592
			ہارڈ کور	9781957756738
دھُواں	کلیاتِ منٹو 4/9	سعادت حسن منٹو	پیپر بیک	9781957756516
			ای بک	9781957756608
			ہارڈ کور	9781957756790
سودا بیچنے والی	کلیاتِ منٹو 5/9	سعادت حسن منٹو	پیپر بیک	9781957756523
			ای بک	9781957756615
			ہارڈ کور	9781957756745
شہید ساز	کلیاتِ منٹو 6/9	سعادت حسن منٹو	پیپر بیک	9781957756530
			ای بک	9781957756622
			ہارڈ کور	9781957756660
کھول دو	کلیاتِ منٹو 7/9	سعادت حسن منٹو	ہارڈ کور	9781957756462
			پیپر بیک	9781957756547
			ای بک	9781957756639
موذیل	کلیاتِ منٹو 8/9	سعادت حسن منٹو	پیپر بیک	9781957756554
			ای بک	9781957756646
			ہارڈ کور	9781957756776
ہتک	کلیاتِ منٹو 9/9	سعادت حسن منٹو	پیپر بیک	9781957756561
			ای بک	9781957756653
			ہارڈ کور	9781957756783

ٹائٹل		مصنف	فارمیٹ	آئی ایس بی این
منٹو کے حاشیے	منٹو کے منتخب افسانے	سعادت حسن منٹو	ہارڈ کور	9781957756004
			ای بک	9781957756011
			پیپر بیک	9781957756042
پہلا پتھر	اردو افسانے	بلونت سنگھ	پیپر بیک	9781957756295
تار و پود	اردو افسانے	بلونت سنگھ	پیپر بیک	9781957756318
ایران میں اجنبی	اردو نظمیں	ن م راشد	ای بک	9781957756400
لا=انسان	اردو نظمیں	ن م راشد	ای بک	9781957756417
ماورا	اردو نظمیں	ن م راشد	ای بک	9781957756387
بانگِ درا	علامہ اقبال کی شاعری	ڈاکٹر علامہ محمد اقبال	ہارڈ کور	9781957756325
بالِ جبریل	علامہ اقبال کی شاعری	ڈاکٹر علامہ محمد اقبال	ای بک	9781957756332
ارمغانِ حجاز	علامہ اقبال کی شاعری	ڈاکٹر علامہ محمد اقبال	ای بک	9781957756356
ضربِ کلیم	علامہ اقبال کی شاعری	ڈاکٹر علامہ محمد اقبال	ای بک	9781957756349
شبِ رفتہ	مجید امجد کا پہلا شعری مجموعہ	مجید امجد	پیپر بیک	9781957756851
			ہارڈ کور	9781957756875
بانگِ درا	علامہ اقبال کا پہلا مجموعۂ کلام	علامہ محمد اقبال	ہارڈ کور	9781957756325
بالِ جبریل	علامہ اقبال کا پہلا مجموعۂ کلام	علامہ محمد اقبال	ہارڈ کور	9781957756899
رولاک	ایک ناول	رفاقت حیات	ہارڈ کور	9781957756127
			پیپر بیک	9781957756882
			ای بک	9781957756134

https://ghazalsara.org/PrintBooks

غزل سرا ڈاٹ آرگ کی تمام کتب ایمازون، بارنز اینڈ نوبل اور دوسری تمام مشہور آن لائن شاپس کے علاوہ، ایپل بکس، گوگل پلے بکس، ایمازون کنڈل اور ڈرافٹ ٹو ڈیجیٹل کے پلیٹ فارمز پر ہر اُس ملک میں موجود ہیں جہاں ان کمپنیوں کے سٹورز ہیں۔ ہماری کتب خریدنے کے لیے نیچے دیئے گئے کیو آر کوڈ کو فون کیمرے سے سکین کریں یا نیچے دیئے گئے لنک کو اپنے کمپیوٹر یا فون کے براؤزر (کروم یا ایج) میں ٹائپ کریں۔ ایمازون یا کسی بھی سٹور کی سائٹ پر کتاب خریدنے کے لیے اس کتاب کا آئی ایس بی این ٹائپ کریں اور سرچ کا بٹن دبائیں۔

https://ghazalsara.org/shop